Christian Schünemann
Bis die Sonne scheint

ROMAN

Diogenes

Covermotiv: Gemälde von Signe & Genna Grushovenko, ›Sly‹
© Signe & Genna Grushovenko
Druck und Bindung: CPI books GmbH, Leck

Der Diogenes Verlag wird vom Bundesamt für Kultur
für die Jahre 2021–2025 unterstützt

Die Nutzung dieses Werks für Text und Data Mining im
Sinne von §44b UrhG behalten wir uns explizit vor

Alle Rechte vorbehalten
Copyright © 2025
Diogenes Verlag AG Zürich
info@diogenes.ch · www.diogenes.ch
120/25/852/1
ISBN 978 3 257 07331 7

Ihre Absätze hallten auf den Kunststeinfliesen, als würde sie einen Saal betreten und nicht die Poststelle von Frau Pieper am Amselweg.

Sie habe es schrecklich eilig, sagte die Frau und wedelte mit einem schmalen Umschlag. Sie wolle nur schnell diesen Brief aufgeben.

Ich stand vor ihr mit der Geschäftspost meiner Eltern, wie immer einem ganzen Stapel, und rührte mich nicht von der Stelle, während Frau Pieper vorschlug, die Frau mit dem einzelnen Brief vorzulassen.

»Klar«, sagte ich und trat zur Seite.

Frau Pieper rückte erst mal ihre Brille auf der Nase zurecht, klappte in aller Ruhe das große Album auf und ließ ihren Blick gemächlich über den Bogen mit den Standardmarken schweifen, als könne sie sich nicht entscheiden, welchen von den dunkelgrünen Gustav Heinemanns sie nehmen sollte.

Ich tat, als würde ich mir die Gesichter der RAF*-Terroristen auf dem Plakat an der Wand einprägen, und schielte verstohlen auf die dunkelblaue Jacke dieser Frau neben mir, auf den feinen Stoff, die weiße Umrandung und den blonden Haarschopf, der im künstlichen Licht der Neonröhre schimmerte. Ihre Haarspitzen drehten sich auf Kinnhöhe* *ein und wippten ungeduldig, während Frau Pieper hinter dem Tresen beim Aufkleben und Abstempeln der Briefmarke bummelte und bis zur Herausgabe des Wechselgelds hartnäckig versuchte, ein Gespräch anzuknüpfen.*

Die Fremde ließ sich auf nichts ein, sagte nicht viel mehr als »danke«, »gut« und »schön« und verließ den Postraum.

Frau Pieper und ich blieben in einer zarten Parfümwolke zurück, schauten ihr hinterher und beobachteten, wie sie draußen über Steine und Schlaglöcher zu ihrem Auto stöckelte.

Der silberne Chevrolet war mir schon ein paarmal aufgefallen, wie er durch unsere Siedlung glitt. Anders als die anderen amerikanischen Autos im Landkreis hatte er kein US-Kennzeichen, sondern eines wie wir mit OHZ. Das breite Rücklicht blinkte rot und träge, als er in den Sandbergweg einbog und Richtung B6 aus unserem Blickfeld entschwand.

Frau Pieper donnerte Stempel für Stempel auf unsere Drucksachen und sagte, das sei Frau Schlüter gewesen. Sie wohne auf der anderen Seite, arbeite als Avon-Beraterin und käme aus der DDR wie auch ihr Mann, der irgendetwas bei Radio Bremen sei.

»Und bei euch zu Hause?« Frau Pieper kritzelte ihre Unterschrift auf den Beleg. »Deine Mutter lässt sich ja gar nicht mehr blicken.« Ihre grauen Augen verschwammen hinter den dicken Brillengläsern zu Pfützen. »Ist alles in Ordnung?«

»Bei uns?«, stotterte ich und nahm den Zettel. »Bei uns ist alles okay.«

»Und dein Vater?« Frau Pieper beugte sich vor und stützte sich auf dem Tresen ab. »Hat er gut zu tun?«

»Und wie«, *antwortete ich, steckte den Beleg ein und verabschiedete mich.*

Ich war schon in der Tür, als ich mich noch einmal umdrehte: »Wirklich! Alles bestens.«

I

Je länger der Regen anhielt, desto tiefer suchten wir in den Schränken nach geeigneten Behältern für das Wasser, das sich auf dem Flachdach zu einem großen See staute, aufs Gebälk drückte und durch die Nähte der Dachpappe sickerte. Es durchnässte im Dachzwischenraum die Isolierwolle und die Nester der Mäuse und fand im Flur, im Bereich der Oberlichter zwischen Stromleitungen und Sechzigwattglühbirnen, seinen Weg durch die Deckenverkleidung, marmorierte an den Styroporplatten in Gold- und Bronzetönen und fiel in Tropfen herunter.

Auf dem Teppichboden entstand ein Landkartenmuster aus kleinen und großen Inseln, die anwuchsen und sich über die gesamte Länge des Flurs zu riesigen Kontinenten vereinigten. Wir stellten immer mehr Eimer und Töpfe auf, darunter auch Rühr- und Puddingschüsseln, Auflauf- und Backformen, liefen Slalom um die Hindernisse und leerten sie regelmäßig ins Klo.

In der weißen Porzellanschüssel wurde erst sichtbar, was sich über unseren Köpfen zusammenbraute und aus unserem Dach geflossen kam. Der Anblick der braunen Brühe war beschämend und empörend zugleich und der Ausfluss so undefinierbar, dass nicht mal unsere Hunde ihre Nase hineinstecken wollten.

»Siegfried, denk dran, das Dach zu reparieren«, mahnte meine Mutter, wenn der Regen aufhörte, und wiederholte die Ansage stereotyp mit immer sorgenvollerem Blick in den norddeutschen Himmel, der schon wieder dabei war, sich zuzuziehen, bis mein Vater seine Hausschuhe gegen die Gartenschuhe tauschte und meinen Bruder aufforderte, das Gleiche zu tun. Gemeinsam holten sie den Bunsenbrenner aus dem Schuppen und wuchteten ihn mit der schweren Gasflasche und der Teerpappe über die lange Leiter aufs Dach hinauf.

Auf der Suche nach den Löchern erzitterte das Haus unter ihren Schritten. Das Dach knackte auch dort, wo sie nicht ihren Fuß hinsetzten, und in der brüchigen Pappe enstanden neue Risse, die mit bloßem Auge oft gar nicht zu erkennen waren.

In jener Nacht war es ein besonders großes Konzert, das in seiner Vielstimmigkeit ganz harmonisch klang. Jeder Tropfen hatte seinen eigenen Rhythmus, seine eigene Geschwindigkeit und produzierte seinen eigenen Ton, abhängig von Fassungsvermögen, Füllstand und Material des Eimers oder Topfs, in den er fiel.

Der Missklang, ein sattes und schmatzendes Geräusch, war nur mit geübten Ohren zu hören und erzählte, dass das Wasser wieder einmal ein neues Loch gefunden hatte und der Nadelfilz sich an einer Stelle zwischen den Behältern mit Wasser vollzusaugen begann.

Ein weiterer Eimer oder Topf musste her, und von meinen Geschwistern in ihren Zimmern rührte sich niemand. Dass alle schon schliefen, bezweifelte ich. Eher stellten sie sich taub, hörten über Kopfhörer Musik, schrieben Tagebuch oder mikroskopierten, und was außerhalb ihres Zimmers passierte, war ihnen scheißegal. Ich schlug meine Decke zurück.

Am Ende des langen Flurs machte ich die Tür zum Korridor auf, an dem links der Windfang mit Gäste-WC lag, geradeaus die Küche und rechts das Wohnzimmer. Die Glastür war geschlossen, wie immer, wenn für uns die Schlafenszeit angebrochen war und meine Eltern bis Sendeschluss vor der Flimmerkiste sitzen blieben.

Jetzt war es still da drinnen, der Fernseher stumm. Durch die getönte Scheibe fiel das Licht der Wohnzimmerlampe. Die Umrisse meiner Eltern auf der Polstergarnitur zeichneten sich nur undeutlich ab. Beide saßen ein wenig vornübergebeugt, als betrachteten sie auf dem niedrigen Tisch mit der runden Marmorplatte ein Problem, ein großes Rätsel, das vor dem Schlafengehen noch gelöst werden musste. Ich ahnte, dass es nicht darum ging, was nach Veröffentlichung der ersten Hochrechnung bereits ausgiebig beklagt und kommentiert worden war: dass Helmut Kohl tatsächlich die Bundestagswahl gewonnen hatte.

Das Schweigen meiner Eltern und das Schweigen des Fernsehers mussten eine andere Ursache haben und etwas sein, das noch obendrauf kam. Die Stille und Abwesenheit jeglicher Geräusche war ungewohnt und bleiern und gab mir das Gefühl, dass es da drinnen um etwas ging, das uns alle, die ganze Familie, direkt und unmittelbar betraf und das meine Eltern vor uns – meinen Geschwistern und mir – verheimlichen wollten.

Ich huschte barfuß auf Zehenspitzen in die Küche hinüber. Bevor ich vorsichtig das Topfkarussell in Bewegung setzen konnte, um möglichst lautlos den nächstbesten Behälter herauszunehmen und so schnell wie möglich wieder in mein Zimmer und mein Bett zu verschwinden, hörte ich hinter der Durchreiche die Stimme meiner Mutter. Sie klang mutlos.

»Was machen wir jetzt?«, fragte sie.

Von meinem Vater kam keine Antwort. Niemand rührte sich, auch nicht die Hunde in ihren Körben, als hätte die Frage eine Lähmung ausgelöst. Nur am Geschirrspüler blinkte unablässig das grüne Lämpchen und zeigte an, dass der Trockenvorgang beendet war.

»Nehmen wir uns einen Strick?«, fragte meine Mutter.

Den Kühlschrank durchlief ein Zittern. Die Flaschen in seinem Inneren klirrten leise. Im Wohnzimmer wurden Kaffeetassen und Aschenbecher ineinandergestellt – das Signal, dass das Gespräch und der Abend beendet waren und vielleicht auch das Leben, das wir bisher geführt hatten.

2

ein senkrechter Strich — une ligne verticale
ein krummer Fingernagel — un ongle tordu
eine Berührung mit der Schulter — toucher de l'épaule

Ich benutzte das kleine Vokabelheft, das in die Gesäßtasche passte und gut überallhin mitzunehmen war. Links vom blassrosa Strich trug ich die deutschen Wörter ein, rechts die französische Entsprechung aus dem Langenscheidt-Wörterbuch. Wenn ich das Vokabelheft aufschlug und die klare Rechts-links-Einteilung sah, dazu die Linien, gefüllt mit Wortpaaren und meinem gleichmäßigen Schriftbild, überkam mich ein Gefühl der Ruhe und Zufriedenheit.

Die Aufgabe war klar, übersichtlich und beherrschbar. Ich lernte drei Wortpaare am Stück, wiederholte sie im Kopf oder im Flüsterton so lange, bis ich sie einigermaßen fehlerfrei draufhatte. Dann nahm ich mir die nächsten drei Wortpaare vor, wiederholte alle sechs zusammen plus die nächsten drei und arbeitete mich auf diese Weise die Seite runter und – unten angekommen, nach demselben Muster – die Seite wieder rauf.

»Verstanden?«, fragte ich. »*Compris?*«

»*Compris*«, antwortete Jean-Philippe, mein französischer Gastbruder, der wie jeden Abend dabei war, den Spalt unter meiner Zimmertür mit einem Handtuch abzudichten.

Schon beim ersten Abendbrot, er hatte sich kaum hingesetzt, strich er mit der Messerklinge waagerecht über die Butter, sodass die Zähne ein gekämmtes Muster auf der Oberfläche hinterließen. Bis zu seiner Abreise führte er die Bewegung selbstbewusst, mit gespreiztem Ellenbogen, mehrmals hintereinander aus, ohne sich darum zu kümmern oder sich dafür zu interessieren, dass wir die Messerklinge anders handhabten, als es anscheinend bei ihm zu Hause in Frankreich der Fall war. Wir führten sie mit einem senkrechten Schnitt durch die Butter.

Ich übernahm die Technik von Jean-Philippe, die Butter horizontal abzustreichen, was äußerst praktisch war, wenn die Butter aus dem Kühlschrank kam und noch hart war wie Stein. Es war der Bruch mit einer Gewohnheit, die ich bis dahin nicht hinterfragt hatte.

Mein Vater sagte nichts und beschränkte sich darauf, die Butter auf seiner Seite nur noch exakter und sauberer abzuschneiden. Wenn es nach ihm ginge, würden wir die Butter nicht nur senkrecht, sondern auch nur von einer Seite anschneiden. So hatte er es einmal versucht anzuordnen und diese Anordnung mit dem üblichen »nebenbei gesagt« eingeleitet, als wollte er damit bereits dem Widerstand entgegentreten: Wir sollten aufhören, aus dem rechteckigen Butterklotz zuerst ein Fünfeck, dann ein Sechseck und schließlich ein Achteck zu machen, bis irgendwann überhaupt keine Form mehr zu erkennen war.

»Das kann ja wohl nicht so schwer sein«, beendete mein Vater seine Ausführungen.

»Wie soll das in die Praxis umgesetzt werden?«, fragte Boris, und Angela wollte wissen: »Sollen wir uns bei jedem Stück Butter auf eine Seite einigen und dann die Butter von dieser Seite Stück für Stück abtragen?«

Sie bezeichneten seine Vorstellungen als »faschistoid«.

Auch wenn ich bei der Diskussion meine Klappe hielt, konnte ich meinen Vater insgeheim gut verstehen. Ein frisches, unangetastetes Butterstück erinnerte ihn vermutlich an einen Backstein, und seine planlose Zerstückelung widersprach seinem Empfinden für Material und beleidigte sein Architektenauge. Er dachte in rechten Winkeln, wie er auch seine Häuser zeichnete: grundsätzlich von allen vier Seiten, akribisch vermaßt, technisch und schwarz-weiß. Die Darstellung von Natur als schmückendem Beiwerk, an der er sich versuchte und bei der er auf kein Lineal und keinen rechten Winkel zurückgreifen konnte, erinnerte dagegen an seine Handschrift: hingeworfene, gekritzelte Schnörkel – und das sollten dann Blumen, Büsche und Bäume sein.

Ich zeichnete damals, inspiriert von meinem Vater, ebenfalls Häuser, arbeitete dabei mit Filzern und starken Farben und steckte die Stifte nach Gebrauch zurück in ihre Verpackung nach ihrer farblichen Reihenfolge.

»Naiv« nannte Boris meine Bilder, die teilweise immer noch im Wechselrahmen im Flur hingen, und Oma Lydia sagte, als wäre sie bereit, auch diesen Schicksalsschlag hinzunehmen: »Vielleicht wirst du ja auch eines Tages Architekt.« Und seufzte: »Wie dein Vater.«

Jean-Philippe streute Dope in den Tabak, während ich rasch und routinemäßig die dunklen Ecken im Zimmer kontrollierte, die Lücke zwischen Schreibtisch und Wand, die dunklen Innenräume von Kleiderschrank und Bettkasten und zum Schluss den Bereich hinter der Gardine.

»*Ça va?*«, fragte Jean-Philippe.

Der krumpelige Glimmstängel, den er mir reichte, fühlte sich feucht an, wo er ihn beim Anzünden mit seinen Lippen benetzt hatte, und unsere Schultern berührten sich, als wir nebeneinandersaßen. Die Zweige der Zierkirsche draußen vor dem Fenster verbanden sich mit dem Gardinenmuster zu buckligen Gestalten und unheimlichen Gesichtern, verstärkt durch die Hintergrundbeleuchtung, das Lampenlicht, das durchs große Wohnzimmer auf die Terrasse fiel.

Es dauerte ein bisschen, aber dann konnte Jean-Philippe sie auch sehen, die knochige Hand, den langen Finger mit dem krummen Nagel und schließlich die Hexe komplett in ihren Lumpen, mit den zotteligen Haaren, die unter dem spitzen Hut hervorschauten. Sie war damals aus den Kulissen des Niederdeutschen Theaters in Bremen-Walle gehumpelt, ließ ihren stechenden Blick von der Bühne herunter durch die Zuschauerreihen wandern und tat genau das, was ich befürchtet hatte und auch durch Weggucken nicht verhindern konnte: Sie fixierte mich, streckte ihren Arm aus und zeigte mit ihrer knochigen Hand und einem langen, krumm gewachsenen Fingernagel auf mich, meinen Seitenscheitel und gestreiften Pullunder. Dabei stieß sie eine Verwünschung aus, die das gesamte Publikum – also alle Schülerinnen und Schüler meiner Grundschule und anderer Grundschulen im norddeutschen Raum – erschauern ließ.

Obwohl ich wusste, dass es Hexen nur in Märchenbüchern oder auf Schallplatten gab, konnte ich es drehen und wenden, wie ich wollte: Die Hexe, die ich gesehen hatte, war aus Fleisch und Blut gewesen. In der Sekunde, in der sich unsere Blicke getroffen hatten, war zwischen uns eine Verbindung entstanden, die ich nicht mehr kappen konnte. Sie kam mit mir nach Hause, nistete sich zwischen meinen Schränken und Schubladen ein, und ich war anscheinend bis an mein Lebensende dazu verdammt, die dunklen Ecken in meinem Zimmer in immer genau dieser Reihenfolge zu kontrollieren: zuerst die Lücke zwischen Schreibtisch und Wand, dann den Innenraum vom Kleiderschrank, den Bettkasten und zum Schluss den Bereich hinter der Gardine.

Selbst als die Angst verblasst und verschwunden war, führte ich die Kontrollrunde weiter durch. Sie war eine Angewohnheit aus grauer Vorzeit, ein Überbleibsel aus meinen Kindergarten- oder Grundschultagen, die wie das Vokabelheft zu einem funktionierenden System gehörte, das ich zwanghaft beibehielt und vor dem Schlafengehen so gehorsam absolvierte wie das Zähneputzen, Schultaschepacken und Vokabelnlernen.

»*C'est fou*«, sagte Jean-Philippe.

»Ja«, bestätigte ich. »Das ist verrückt.«

Als Jean-Philippe zwei Tage später abreiste, hinterließ er eine tiefe Kuhle in der Butter, die von uns nun von allen Seiten Stück für Stück weggeschnitten wurde, bis nichts mehr von ihr übrig war.

Die französischen Zeiten waren vorbei. Beim neuen Stück Butter war das horizontale Abstreichen und Kämmen mit den Messerzähnen mit sofortiger Wirkung untersagt.

3

den Abwasch machen — faire la vaisselle
die Hausaufgaben machen — faire les devoirs
die Hundekacke wegmachen — ramasser le caca de chien

»Wir brauchen Geld«, sagte meine Mutter und knallte mit der Schranktür. »Will jemand mit?«

Der Ford Capri parkte auf der gepflasterten Fläche hinter der Pforte. Meine Mutter schloss im Vorbeigehen für mich die Beifahrertür auf, warf ihre Handtasche rein, ging ums Auto herum und stieg auf der Fahrerseite ein.

Der erste Streckenabschnitt auf der Fahrt über die B6, bis zur großen Kreuzung und zum Abzweig nach Osterholz-Scharmbeck, dauerte normalerweise ziemlich genau eine Zigarettenlänge – wenn man nicht gerade hinter einem Laster hing. Meine Mutter trommelte nervös mit den Fingern auf dem Lenkrad, pustete ungeduldig den Zigarettenrauch zum Seitenfenster hinaus und stützte sich mit dem Ellenbogen auf das breite Türpolster. Überholen war praktisch unmöglich, zu viel Gegenverkehr.

Der Tabak am Ende der Zigarette glühte und knisterte. Der linke Reifen touchierte den Mittelstreifen. Dann setzte meine Mutter den Blinker und gab Gas.

Ich stemmte auf dem Beifahrersitz meinen Fuß auf den Boden. Wir befanden uns auf der falschen Fahrbahnseite, konnten nur noch auf die Kraft des Motors vertrauen und rasten immer schneller dem Auto entgegen, dessen Fahrer bereits die Lichthupe betätigte. Endlich scherten wir rechts ein und ließen mit 120 km/h den Laster und das Tempo-70-Schild hinter uns zurück.

Zu beiden Seiten der Bundesstraße lagen Felder und Wiesen, vereinzelt Einfamilienhäuser und Bauernhöfe und in der Ferne, leicht erhöht, ein rotes Backsteingebäude, die Dorfschule, die ich nach meinen Geschwistern als Letzter besucht hatte. Die meisten Mitschüler von damals waren schon lange aus meinem Blickfeld verschwunden, Kinder in kurzen Hosen und Gummistiefeln, die nach Kuhstall rochen, unbeholfen mit dicken Filzern eierförmige Kringel malten und dabei das Papier zerknickten, als ich schon mit Füller schrieb, und bei denen schon damals klar war, dass sie es niemals aufs Gymnasium schaffen würden.

Ich hielt Abstand zu diesen Kindern, als würde noch etwas anderes von ihnen ausgehen als bloß der Geruch nach Kuhstall, begann, Fleißsternchen und Sauberkeitspunkte zu sammeln und den Erwartungen gerecht zu werden, die meine Eltern in meine Geschwister und mich setzten. Wir waren der Beweis, dass wir uns auf der Erfolgsspur befanden und zu den Klugen gehörten. Wir würden aufs Gymnasium gehen, studieren, und unsere Zukunft würde großartig sein, eine einzige Bestätigung für unsere bereits großartige Gegenwart.

Meine Mutter drückte den Zigarettenstummel aus und klappte geräuschvoll den Aschenbecher zu, als wäre von allen Dingen, die noch zu erledigen waren, diese Sache schon mal geschafft. Ein Hauch von Zuversicht breitete sich aus, als hätte sich mit Rauch und Nikotin vorübergehend auch ein Ärger verflüchtigt, der proportional zur Menge an ungeöffneten Briefen anwuchs, die plötzlich, in einem nicht näher definierten Moment, spontan von meinem Vater oder meiner Mutter unwillig, fast trotzig und gleichzeitig mit dem Mut der Entschlossenheit aufgerissen, auseinandergefaltet und stumm, mit einem spöttischen Gesichtsausdruck und einer Zigarette im Mundwinkel gelesen wurden.

Meistens wurden sie ebenso stumm wieder zusammengefaltet und irgendwo an einem anderen Ort, bei den Telefonbüchern oder den Handschuhen und Mützen, abgelegt, manchmal mit einer verächtlichen Bemerkung.

Die Scheibenwischer quietschten auf der Windschutzscheibe, der Fahrtwind drückte die Regentropfen beiseite, und ich spürte, dass jetzt eine Gelegenheit wäre zu sagen, dass ich die Bemerkung mit dem Strick gehört hatte, um dann beiläufig zu fragen, ob meine Eltern ernsthaft mit dem Gedanken spielten, Selbstmord zu begehen – und wenn ja, was genau das Problem war. Mit dem neuen Kanzler, der neuen Regierung und der geistig-moralischen Wende hatte es wohl nichts zu tun, sondern eher mit der Post von Finanzamt, Steuerberater und Amtsgericht. Hatten sich inzwischen so viele Briefe angehäuft, dass es keine Lösung mehr gab?

Andererseits war der Freitod noch in derselben Nacht

verworfen und fürs Erste kein Strick geknüpft worden. Falls der Selbstmord dennoch eine Option war, würde ich wissen wollen, ob meine Eltern sich Gedanken darüber gemacht hatten, was dann aus uns werden würde, aus mir und meinen drei älteren Geschwistern. Wer würde für uns sorgen? Oma Lydia als alte Frau mit schwachen Nerven und vorsintflutlichen Ansichten und Erziehungsmethoden? Oder Angela, als die Älteste von uns, die gerade volljährig geworden war, aber auch keine Ahnung hatte?

Vielleicht würde Tante Ingeborg aus Amerika anreisen und alles regeln. Aber was genau würde sie regeln? Sie würde uns wohl kaum alle mitnehmen können in ihr Haus im Vorort von Chicago zu Onkel, Cousin und Cousine. Das Flugticket kostete ja schon ein Vermögen. Vielleicht könnte ich, wenn ich mich besonders kooperativ, nett und freundlich zeigte, als Einziger von uns die Erlaubnis erwirken mitzukommen.

Am Ende würden wir doch alle ins Waisenhaus gesteckt werden, zum Beispiel ins SOS-Kinderdorf bei Worpswede, für das wir einmal gespendet hatten und seither jedes Jahr in der Adventszeit schaurig-schöne und irgendwie sehr traurige, naiv bemalte Postkarten geschickt bekamen.

Wir näherten uns bereits dem gelben Ortsschild der Kreisstadt Osterholz-Scharmbeck. Mir lief die Zeit davon, und ich überlegte fieberhaft, wie ich es am besten anstellen könnte, den richtigen Ton zu treffen und vernünftige Worte zu finden, ohne gleich einen Anschiss zu bekommen oder einen Aufruhr zu provozieren, der zeigte, wie blank bei uns die Nerven lagen. Eines war klar: Wenn ich den Mund aufmachte, würde alles, was mir durch den Kopf schoss und mir im Moment noch völlig irrsinnig vorkam, sehr real im Raum stehen, und wir müssten damit umgehen.

Als würde meine Mutter meine schrägen Gedanken und Sorgen spüren, tastete sie auf der Mittelkonsole nach der Pfefferminzrolle und sagte in unternehmungslustigem Ton: »Hör mal.« Sie betätigte den Blinker. Der vertraute Rhythmus und der stupide Ton wirkten beruhigend. »Brauchst du noch etwas?«

Ich war überrascht. Mit einem solchen Angebot aus heiterem Himmel hatte ich am wenigsten gerechnet. Schließlich hatte ich weder Geburtstag, noch hatte ich mich in der letzten Zeit durch besondere Leistungen hervorgetan. Ich verwarf auf der Stelle alle Fragen, Anschuldigungen und anklagenden Worte und überlegte stattdessen, ob jetzt der richtige Zeitpunkt wäre, den Konfirmationsanzug sicherzustellen. Mir schwebte eine Kombination aus einem nachtblauen Samtjackett, weinroter Fliege und steingrauer Flanellhose vor, wie sie im Schaufenster vom Kaufhaus Reuter zu besichtigen war und in den Augen meiner Eltern und Geschwister als extrem spießig galt.

Obwohl ich bereits angekündigt hatte, das Samtsakko tagein, tagaus zu tragen, vermutlich mit aufgekrempelten Ärmeln, wollte meine Mutter mich mit Hose und Jacke aus dunkelblauer Popeline abfinden, eine sportliche und unfeierliche Variante, um zu verhindern, dass der Konfirmationsanzug, einmal getragen, hinterher im Schrank verschimmeln würde, wie es vor drei Jahren mit dem Konfirmationsanzug von Boris aus olivfarbenem Cord passiert war. Dass ich mit meinem Undercut-Haarschnitt anders tickte und auch nicht in Latzhosen auf Friedensdemos ging, war bei meiner Mutter anscheinend noch nicht angekommen.

Ich beschloss, meine Forderungen nicht zu hoch zu schrauben, um nicht etwa am Ende leer auszugehen, und sagte, während meine Mutter in die Parklücke vor der Deutschen Bank setzte: »Ich brauche eine neue Hose.«

»Eine neue Hose?«, wiederholte meine Mutter, stellte den Scheibenwischer und die Scheinwerfer aus und schaute gedankenverloren über das verstaubte Armaturenbrett. Dann riss sie die Handbremse hoch. »Gute Idee«, lobte sie.

Wir hatten einen Plan und eine Aufgabe, die dem Nachmittag einen Sinn und dem Leben eine Normalität geben würden.

Meine Mutter langte in den Fußraum nach ihrer Handtasche und stieß, nach einem kurzen Blick in den Rückspiegel, entschlossen die Tür auf.

4

Blattglanz — brillance des feuilles
Ohrclips — des boucles d'oreilles clips
Panzerglas — verre trempé

Wenn wir die Deutsche Bank betraten, breitete sich auf dem Gesicht von Frau Zellermeyer normalerweise das schönste Lächeln aus. Dann griff sie in den Plexiglasaufsteller und holte ein Auszahlungsformular hervor. Unsere Kontonummer kannte sie auswendig.

Während ihr silberner Kugelschreiber auf dem Formular Feld für Feld vorrückte, erkundigte sie sich in vertraulichem Plauderton nach dem Befinden meines Vaters, fragte nach unseren Plänen fürs Wochenende und mit gespielter Empörung, was in diesem Frühling eigentlich vom Wetter zu halten sei. Dabei klirrten ihre Armreife wie eine leise Musik auf dem Granit. Die Farbe ihres Nagellacks korrespondierte mit der Farbe ihres Lippenstifts, ihren Ohrclips, ihrer Bluse und überhaupt mit allem: ihrem schönen Dekolleté, dem kastanienbraunen Lockenkopf und dem warmen Klang ihrer Stimme.

Dann hatte der Kugelschreiber sein Ziel erreicht und schwebte so lange über dem rot umrandeten Kästchen fragend in der Luft, bis meine Mutter den Betrag nannte, den wir haben wollten.

Die Unterschrift meiner Mutter war eine Kette von kleinen, schräg nach rechts geneigten Buchstaben, jedes Glied mit dem anderen verbunden, ein gleichmäßiger Rhythmus, der von ihr eisern durchgehalten wurde, bis der Strich am Ende – statt zu verläppern – noch einmal entschlossen hochgerissen wurde.

Der Kassierer in seinem Glaskasten zählte zügig die blauen und braunen Scheine in die silberne Lade, fächerte sie dabei so präzise wie künstlerisch nebeneinander auf, betätigte dann den schwarzen Knauf und beförderte das Geld in einem halbautomatischen Vorgang unter der Panzerglasscheibe zu uns hindurch.

Meine Mutter nahm die Scheine, klopfte sie zurecht, dankte und verstaute den Packen im Portemonnaie.

Wir verließen die Bank mit dem schönen Gefühl, dass alles möglich sei. Wir könnten, zum Beispiel, den Topas kaufen, der uns beim Juwelier ins Auge gesprungen war. Oder uns das Teeservice zulegen und damit dem verregneten Nachmittag eine edle englische Note verleihen. Oder mit der kupfernen Bodenvase aus dem Gartencenter den kargen Windfang verschönern. Oder wenigstens ein Paar Schuhe kaufen – alles Dinge zum Anschauen und Anfassen, die bewiesen, dass unser Lebensstandard hoch war, ständig wuchs und weit über dem lag, was andere Leute sich leisten konnten.

Heute lächelte Frau Zellermeyer hinter der Theke nicht. Sie griff auch nicht zu den Zahlscheinen oder machte irgendeine nette Bemerkung. Nicht einmal ein freudiges »Frau Hormann« kam ihr zur Begrüßung über die Lippen.

Stattdessen versteinerte ihre Miene, bevor ihre Mundwinkel mechanisch nach oben wanderten, wo sie maskenhaft in der Lächelposition verharrten, während sie, als würde sie uns gar nicht kennen, wie ein sprechender Automat verkündete: »Einen Moment, bitte.«

Sie wandte sich an die Grünpflanzen und Blumenkübel, hinter denen der Schreibtisch des Filialleiters stand. Ihre Lippen über den Blättern von Gummibaum und Graslilien formten lautlos die Vokale in unserem Nachnamen, das O und das A.

Im Vergleich zu den Chefs von Sparkasse und Volksbank, die mit gemütlicher Wampe, altmodischen Spitzbärten und Schuppen auf den Schultern daherkamen, war Herr Baumgart drahtig, glattrasiert, rosig und auf eigentümliche Weise porentief rein. Er hatte rote Haare, helle Augen, helle Wimpern, und wenn er mit federndem Schritt auf meine Mutter zukam, rief er mit heller Stimme, in der normalerweise immer auch ein Lachen perlte: »Frau Hormann, Sie sehen ja wieder umwerfend aus! Wenn Sie hereinkommen, geht die Sonne auf!«

Meine Mutter lachte dann geschmeichelt und berichtete beim Abendbrot amüsiert, während sie eine Scheibe Lachsschinken vom Wurstteller angelte, von Herrn Baumgarts neuesten Komplimenten.

Mein Vater konnte Mimik, Gestik und sogar den Tonfall von Herrn Baumgart perfekt imitieren. Er stellte dafür bloß seine schönste Singstimme an, hob affektiert den Arm, wiederholte das Kompliment, das Herr Baumgart meiner Mutter gemacht hatte, und knickte sein Handgelenk genau in dem Moment nach unten ab, als seine Stimme im höchsten Flötenton beim »O« von »Frau Hormann« angekommen war.

Wir kringelten uns vor Vergnügen. Ohne dass es ausgesprochen wurde, war klar, dass Herr Baumgart das war, was man hinter vorgehaltener Hand einen warmen Bruder nannte, also zu den Männern gehörte, die manchmal abends im Fernsehen auftauchten, zum Beispiel bei *Derrick*, Männer im Rüschenhemd in zwielichtigen Münchner Bars, die Stefan Derrick und Harry Klein so lüstern ins Visier nahmen, dass die beiden froh sein konnten, wenn sie – nachdem sie ihre ermittlungstechnischen Fragen gestellt hatten – mit heiler Haut davonkamen.

Herr Baumgart mochte noch so zackig auftreten und sich in der Bank zum Filialleiter hochgearbeitet haben – am Ende konnte er nicht verheimlichen, dass er auch so ein Mann war. Und niemand wusste, wie er außerhalb der Schalterhalle unter seinesgleichen war, ob er sich dann immer noch so ausnehmend freundlich verhielt oder eine ganz andere Seite zum Vorschein kam, die ihn vielleicht unberechenbar machte.

Ich lachte bei den Showeinlagen meines Vaters besonders laut, um jeden Verdacht auszuräumen und von vornherein klarzumachen, dass ich ganz bestimmt nicht zu diesen Witzfiguren gehörte – auch wenn ich früher mit Puppen gespielt hatte und nicht nur Frau Petersen überzeugt gewesen war, dass ich ein Mädchen sei. Ich musste aufpassen, nicht in den Kreis der Verdächtigen zu geraten und auch als krankes Subjekt abgestempelt und ausgelacht zu werden.

Die Geste, mit der Herr Baumgart heute meine Mutter begrüßte, war überaus knapp. Eigentlich bewegte er nur zwei Finger, mit denen er sie an seinen Schreibtisch zitierte. Meine Mutter gab mir mit einem Blick zu verstehen, dass ich bei der Tür warten solle.

Sie verschwand hinter den Pflanzenkübeln und rückte dabei so widerwillig ihre Tasche auf der Schulter zurecht, als wäre sie auf dem Elternsprechtag und gezwungen, sich vom Lehrer anhören zu müssen, was sie sowieso schon wusste. Sie musste Interesse heucheln und hatte am Ende doch bloß ihre Zeit vergeudet, die sie auch für etwas Besseres, Schöneres hätte nutzen können.

Ich setzte mich auf den Stuhl am Fenster und beschloss zu ignorieren, dass hier irgendetwas Schräges vor meinen Augen ablief. Gleichzeitig sah ich schon kommen, dass es mit der Hose wahrscheinlich doch nichts werden würde. Oder hatte ich geträumt? Hatte meine Mutter mir nicht vor wenigen Minuten eine neue Hose in Aussicht gestellt? Und hatte ich nicht im Gegenzug darauf verzichtet, ihr mit unangenehmen Fragen zu kommen? Ich hatte meinen Teil der Abmachung erfüllt. Und sie?

Es war immer dasselbe: Ankündigungen wurden gemacht und wieder kassiert, Versprechungen geleugnet und vergessen.

Ich beschloss, egal, was da komme, auf meinem Recht zu bestehen und die Hose einzufordern, und zwar in Weinrot mit kleinkariertem Innenfutter.

Die weißen Lamellen, die so ordentlich senkrecht vor den Fenstern hingen, beruhigten mich ebenso wie der Blattglanz, der blaugraue Teppich und der Kassierer hinter dem

Panzerglas, der als Einziger hemdsärmelig arbeitete und auf seinem Planeten – isoliert von seinen Kollegen – eine Unabhängigkeit zu haben schien und vielleicht eine ganz eigene Sicht auf die Dinge hatte. Es war nicht das erste Mal, dass ich mich in diesen Glaskasten träumte und – den Traum zu Ende gedacht – zu einem logischen Schluss kam, den ich einmal laut formuliert hatte, als ich sagte: »Ich glaube, ich mache nach dem Abi eine Banklehre und werde Kassierer.«

Meine Mutter hatte mich spöttisch angeschaut und geantwortet: »Da findet sich bestimmt noch etwas Besseres.«

Als sie wieder hinter den Grünpflanzen hervorkam, waren ihre Wangen hochrot, als hätte sie rechts und links eine gescheuert bekommen. Die Partie unter den Augen war ein dunkler Halbmond, der deutlich hervortrat. Sie sah aus wie nach einem Kampf, den sie verloren hatte, und gleichzeitig wütend und enttäuscht, sich für dieses Mal geschlagen geben zu müssen.

Wir verabschiedeten uns, ohne dass Frau Zellermeyer einen Zahlschein ausgefüllt hatte oder beim gemurmelten »Auf Wiedersehen« auch nur aufschaute. Auch der Kassierer war beschäftigt und wandte uns den Rücken zu.

Draußen zündete meine Mutter sich eine Zigarette an und pustete verächtlich den Rauch in die Luft. Schaute stumm über die Straße in den gekachelten Raum vom Fischgeschäft und dann hinüber ins goldene Licht der festlich illuminierten Auslagen vom Juwelier.

Nach zwei Zügen warf sie ihre Zigarette weg und sagte, als hätte die Sache auch ein Gutes: »Wenigstens wissen wir jetzt Bescheid.«

Wir fuhren ohne Hose zurück, aber mit einem Kuchenkarton: Windbeutel, Sahnebaiser, Zitronenrolle, Bienenstich und Obstschnitte – von jeder Sorte zwei, hübsch arrangiert auf einer kreisrunden Papierserviette, die mit dem Lochmuster aussah, als wäre sie eine Spitzendecke.

Als wir über die Betonstraße fuhren, sagte meine Mutter: »Kein Wort zu Oma Lydia. Verstanden?«

5

Wasser filtern — filtrer l'eau
im Gegenwind gehen — marcher à contrevent
um den heißen Brei reden — tourner autour du pot

Der Linienbus war in der Ferne zuerst nur in seinen Umrissen zu sehen: Die große Windschutzscheibe, dann kam die cremefarbene und dunkelgrüne Lackierung zum Vorschein, und schließlich blitzten die Chromleisten und die silbernen Radkappen. Wie die Reifen vom glatten Asphalt auf die kopfsteingepflasterte Haltebucht rollten – das war der Sound der Großstadt. Mit einem Zischen öffneten sich die Ziehharmonikatüren.

Oma Lydia hatte sich von ihrem Sitz in der ersten Reihe erhoben und verabschiedete sich ohne Eile vom Fahrer. Dabei zerrte sie an ihrer großen Reisetasche und dem vollgestopften Einkaufsbeutel, um die Zeit zu gewinnen, die sie brauchte, um eine begonnene Erzählung zu Ende zu führen.

Man konnte davon ausgehen, dass sie den Mann mit der Strickjacke über dem Fahrersitz während der gesamten Reise – von Bremen-Hauptbahnhof über Walle, Burgdamm, Ihlpohl bis zu uns nach Heilshorn – zugetextet und mit Fakten beballert hatte, die, für sich betrachtet, grundsätzlich richtig, aber insgesamt extrem geschönt und teilweise auch hingebogen waren. Ihrer Version zufolge hatte ihr Schwiegersohn eine florierende Baufirma und bestückte als Architekt halb Norddeutschland mit den schönsten Traumhäusern. Ihre Tochter kümmerte sich derweil um das große Haus mit Garten und einem Swimmingpool, der noch im Bau war, und schmiss nebenbei das Büro. Und ihre vier Enkel, einer hübscher als der andere, lernten den Schulstoff im Schlaf und hatten Tischmanieren, von denen andere in unserem Alter sich getrost eine Scheibe abschneiden konnten. Darüber hinaus waren die Kinder ihr in tiefer Liebe zugetan, wofür ich, der jüngste Enkel an der Bushaltestelle, als lebender Beweis herhielt.

Der Fahrer schaute Oma Lydia nachsichtig hinterher, wie sie – schwer beladen, von einem Bein aufs andere schaukelnd – das Treppchen hinunterstieg und mit etwas Anlauf den letzten großen Schritt machte.

Wir küssten uns auf die Wange, und der Geruch von Kölnisch Wasser mischte sich mit dem Diesel des abfahrenden Busses.

»Und?« Oma Lydia hakte sich ein und drückte meinen Arm. »Mein Herz. Was gibt's Neues?«

Ich hängte mir ihre schwere Reisetasche über die Schulter und berichtete. Es ging darum, Oma Lydia auf dem Weg von der Bushaltestelle zum Haus möglichst positiv auf ihren Besuch bei uns einzustimmen und jeden Verdacht, es könnte irgendetwas nicht in schönster Ordnung sein, im Keim zu ersticken. Ohne dass es laut ausgesprochen wurde, fiel diese Aufgabe mir zu.

Ich hob wie immer zuerst mich und meine Erfolge hervor, in diesem Fall meine Französischkenntnisse, die durch den Besuch von Jean-Philippe eine neue Ebene erreicht hatten, und verschwieg, dass zu meinem Wortschatz jetzt auch Ausdrücke gehörten, die in keinem Langenscheidt-Wörterbuch zu finden waren. Ebenfalls mit keiner Silbe erwähnte ich, dass Jean-Philippe durch seine Abreise eine Lücke hinterlassen hatte, die so groß war, dass es mich selbst verwirrte. Ich hatte keinen Ausdruck dafür, konnte es nicht ändern und auch niemandem erklären. Jean-Philippe war ein Freund, wie ich ihn noch nie gehabt hatte. Er war perfekt, wie ich unperfekt war, und gab mir das Gefühl, dass genau das in Ordnung war.

Stattdessen erzählte ich von Corinnas Auftritt mit dem Kirchenchor, über den auch das *Osterholzer Kreisblatt* mit einem mittelgroßen Foto berichtet hatte, und von Boris' und Angelas Initiative, am Gymnasium noch in diesem Halbjahr einen Friedensgottesdienst zu organisieren. Dass Boris so oft den Unterricht schwänzte, dass er wegen zu vieler Fehlstunden möglicherweise die Zulassung zum Abitur verlor oder sogar von der Schule flog, verschwieg ich ebenso wie Angelas Latein-Debakel beim schriftlichen Abi. Auch Corinnas Faible für den neuzugezogenen Grufti aus dem Nurdachhaus, der Ledermantel und Kajal trug, erwähnte ich nicht – und schon gar nicht den blauen Brief, den ich mit dem Halbjahreszeugnis kassiert hatte. Dass meine Versetzung zum ersten Mal gefährdet war, lastete schwer auf mir. Der Makel beschädigte mein Image als Musterschüler und drohte, mich zu dem zu machen, was ich auf keinen Fall sein wollte: ein Problemkind.

Als wir am Ende des Waldwegs vor unserem Haus ankamen, war die Laune von Oma Lydia mindestens zufriedenstellend, bis sie mit einem Seitenblick registrierte, dass das Auto meines Vaters auf seinem Platz neben dem Capri parkte. Ihr Schwiegersohn war also nicht, wie man es an einem Wochentag hätte erwarten können, auf Achse, um mit den Wasserfiltern Geld zu verdienen, sondern legte wohl zu Hause die Füße hoch. Etwas voreilig waren die Behälter von meinen Eltern als Wunderwaffe gepriesen worden, mit der sich nicht nur die Wasserqualität im Haushalt verbessern ließ, sondern auch unsere derzeit etwas angespannte finanzielle Lage. Wahrscheinlich war es von Anfang an kein gutes Omen gewesen, dass wir das Ding selbst eher widerwillig benutzten und in der Küche als Steh-im-Weg behandelten. Auch Oma Lydia hatte ihren Wasserfilter bei sich in der Küche stillschweigend ganz nach unten in den Schrank verbannt. Das Gartencenter in Osterholz-Scharmbeck hatte meinem Vater zehn Stück abgenommen, was kurzfristig eine Euphorie bei uns ausgelöst hatte. Doch leider verstaubten die Wasserfilter seitdem im Verkaufsregal. Es hatte sich einfach noch nicht herumgesprochen, wie nützlich der Wasserfilter war.

Die Hunde begrüßten Oma Lydia, tanzten und sprangen um sie herum und stachelten sich in ihrer Wiedersehensfreude gegenseitig an. Ihre Begeisterung verlieh dem Besuch den schönen Ereignischarakter, den wir in dieser Dimension mit den uns zur Verfügung stehenden Mitteln gar nicht hätten herstellen können, und half, die Stimmung im richtigen Moment zu heben, bevor sie gleich am Anfang abzusacken drohte.

Angela, Boris und Corinna kamen herbei und gaben

Küsschen, und alle gemeinsam begrüßten und beklatschten wir jede Packung, jede Schachtel und jede Tüte Schokolade, Geleebananen, After Eight und Marshmallows, die Oma Lydia nacheinander aus der Reisetasche holte, wortlos in die Höhe hielt und auf dem Tisch stapelte, bis sie den Reißverschluss mit einer Miene zuzog, die besagte, dass sie hiermit alles getan hatte, was in ihrer Macht stand, um zu unserem Wohl beizutragen.

Das Gespräch fand nach dem Mittagessen statt, beim Spaziergang mit den Hunden durch die Felder, bei starkem Seitenwind. Das Thema, dass die Grünen es knapp geschafft hatten und erstmals in den Bundestag einzogen, war schon abgehakt. Dass die Chaotentruppe bald wieder weg sein würde vom Fenster, galt als fast so sicher wie die Prophezeiung, dass mit Helmut Kohl jetzt alles noch schlechter werden würde. Zinsen und Arbeitslosigkeit stiegen ins Unermessliche, und Kohl fiel nichts Besseres ein, als die Studenten zu bestrafen, indem sie das BAföG nur noch als Darlehen bekommen sollten, sodass Angela – wenn sie überhaupt BAföG bekäme – hinterher mit einem Riesenberg Schulden ins Berufsleben würde starten müssen.

Auch die Volkszählung wollte die CDU gnadenlos durchziehen und all unsere Daten abgreifen, die den Staat überhaupt nichts angingen. Sogar mein Deutschlehrer, der am Tag der Kapitulation die Deutschlandfahne in seinem Vorgarten hisste, fand die Sache bedenklich. Alle redeten vom »gläsernen Menschen«, von George Orwells *1984* und einer sich erfüllenden Prophezeiung. Dabei waren die Aussichten, was Wettrüsten, NATO-Doppelbeschluss, die Stationierung neuer Pershings und das Waldsterben betraf, ohnehin schon düster genug.

»Ein Gutes hat es, dass die CDU jetzt wieder dran ist«, rief Oma Lydia in dem Ton, mit dem sie sonst verkündete, dass es die ersten frischen Erdbeeren oder neue Kartoffeln gab: »Jetzt gibt's wieder mehr Kabarett!«

Wir bogen in den Schierhorster Weg, hatten nun Rückenwind und blieben stehen, weil Oma Lydia sich die Nase putzen musste.

Den Blick melancholisch über die Stoppelfelder gerichtet, sagte meine Mutter: »Siegfried und ich haben uns entschieden, einen Schnitt zu machen.«

Oma Lydia ließ ihr Taschentuch im Ärmel verschwinden und schaute meine Mutter eher empört als fragend an.

Auch ich horchte erschrocken auf – wegen der Beiläufigkeit, mit der meine Mutter sich anschickte, etwas Wichtiges zu verkünden – und hatte keine Ahnung, worauf sie hinauswollte.

Meine Eltern wollten sich trennen, und zwar von allen Grundstücken, die wir in den Neubaugebieten von Pennigbüttel, Hambergen und Tarmstedt besaßen. Eine Zeit lang sei es sinnvoll gewesen, diese Grundstücke zu halten und den Bauherren als Bauplatz – im Gesamtpaket mit einem schlüsselfertigen Eigenheim – anzubieten. Das Konzept habe in der Vergangenheit gut funktioniert, und manch ein Vertragsabschluss sei dadurch überhaupt erst zustande gekommen. Das sagten auch unsere Vertreter. Doch bei der momentanen wirtschaftlichen Situation ergebe es einfach keinen Sinn mehr. Die Grundstücke seien zurzeit nur noch ein Klotz am Bein.

Aber Heißenbüttel, fügte meine Mutter hinzu und vergrub trotzig ihre Hände in den Manteltaschen, würden wir behalten. Das Grundstück sei etwas Besonderes, ein Filetstück und Juwel, von dem auch unsere Vertreter immer geschwärmt hatten: am Hang gelegen, keine Nachbarn, nur ein Bauernhof und nicht zu vergleichen mit den Grundstücken in den Neubaugebieten, die, von wenigen Ausnahmen abgesehen, schmal waren wie Handtücher.

Ich war erleichtert. Es gab ein Problem, ich hatte es mir nicht eingebildet, und meine Eltern hatten eine Lösung gefunden: Weg mit den Grundstücken.

Oma Lydia schien die Neuigkeit ohne größere Aufregung zur Kenntnis zu nehmen und marschierte, den Blick auf den Boden gerichtet, mit unvermindertem Tempo voran, wie sie immer marschierte, nicht nur auf den Spaziergängen mit den Hunden durch die norddeutschen Felder, sondern auch in Bremen, kreuz und quer durch die Stadt, auf der Jagd nach Sonderangeboten oder an der Seite ihrer Freundin, der buckligen Frau Welsch, durch Prag, Belgrad oder Paris und all die anderen Städte, die Greimann auf seinen Busreisen ansteuerte.

Die Stimmung begann sich erst langsam und unmerklich einzutrüben, nachdem Oma Lydia im Windfang Mantel und Kappe abgelegt hatte und mit den Händen ihre Frisur richtete, weiße Wellen, die einmal im Monat von ihrem Frisör drapiert wurden und inzwischen an Schlagsahne erinnerten, die nicht ganz steif geworden war. Sie schob das wolkige Gebilde behutsam zurecht, während die Hunde zu ihren Füßen aus dem großen Wassernapf schlabberten.

Oma Lydia seufzte, ohne dass klar war, ob sich das Seufzen auf ihre Frisur, die Hunde, die Neuigkeiten oder das Leben im Allgemeinen bezog. Sie trat aus der Pfütze und begab sich ins Wohnzimmer.

Schwankend, eine Hand an der holzvertäfelten Wand, stieg sie die drei Stufen hinunter und ließ sich aufatmend in den Sessel plumpsen, mit Blick auf die große Wohnzimmerscheibe, gegen die in unregelmäßigen Abständen, je nach Sonnenstand und Lichtverhältnissen, die Vögel knallten.

Während meine Mutter und Corinna in der Küche mit Porzellan, Besteck und schwerer Glaskristallplatte hantierten, bereitete ich die Rommékarten vor. Oma Lydia war in diesen Minuten sich selbst überlassen und sah auf dem Sofa, mit der tabakbraunen Wollhose und dem himbeerfarbenen Pullover zwischen den zerknautschten, teilweise langflorigen Sofakissen, aus wie eine alte Puppe.

Sie nahm müde ihre Brille ab. Ohne das goldene Gestell und die Gläser mit den kleinen Strasssteinen wirkte ihr Gesicht ganz unvollständig und eines wesentlichen Merkmals beraubt. Ihre Wangen waren grau und eingefallen, Nase, Kinn und Wangenknochen traten stärker hervor, und die Augen verschwanden in dunklen Höhlen, während sie Zeit hatte, all die Dinge, die sie bis jetzt gehört und gesehen hatte, zu rekapitulieren und einer ersten Prüfung zu unterziehen. Dem Verlauf ihrer Mundwinkel nach zu urteilen, fiel ihre Zwischenbilanz eher negativ aus.

Ihr Blick durchs große Fenster, über Usambaraveilchen und Begonien hinweg, streifte missmutig die Zierkirsche draußen an der Terrasse, wanderte über das Steinbeet zu den Lärchen, wo sich im hinteren Teil des Gartens der Erdhügel abzeichnete, den sie ohne Brille, mit grauem Star, wahrscheinlich nur schemenhaft erkennen konnte. Trotzdem war diese Erhebung, die aufgeworfene Erde, in ihren Augen und in diesem Moment womöglich eine Schippe zu viel und Sinnbild für das Grab, das wir uns schaufelten, seit mein Vater mit seinem elenden Optimismus, seinem verdammten Gottvertrauen und auch seiner Selbstherrlichkeit die Voraussetzung für ein sorgenfreies Leben ein für alle Mal verwirkt hatte. Oma Lydia würde ihm nie verzeihen, dass er damals – ohne Not – seine Stelle als Beamter auf Lebenszeit beim Bremer Staat aufgegeben hatte und damit für immer auf seine schönen regelmäßigen Bezüge als technischer Zeichner in der Oberfinanzdirektion verzichtete. Statt wie andere Familienväter mit Aktentasche, Thermoskanne und Butterbrotdose morgens im Opel Rekord nach Bremen-Oberneuland ins Büro zu pendeln und seiner Verantwortung gerecht zu werden, ließ er sich einen rebellischen Schnauzbart stehen, trug keine Krawatte mehr und meinte, sich in der freien Wirtschaft verwirklichen und frei entfalten zu müssen. Doch er konnte sich anstrengen und so viele Erfolge einfahren, wie er wollte. Eines würde er doch nie mehr schaffen: seine Familie dahin zurückzuführen, wo wir einmal gewesen waren und wo wir ihrer Meinung nach unbedingt hingehörten: auf die sichere Seite.

Corinna glaubte, in den Brillengläsern von Oma Lydia die Spiegelbilder einer Pik-Flöte zu erkennen, und warnte noch. Aber letztlich hatte niemand – auch sie nicht – die Situation ernst genug genommen. Oma Lydia legte ein Handrommé hin, und in ihr Gesicht kehrte langsam die Farbe zurück.

Am Ende, gegen 17.30 Uhr, waren ihre Wangen rosarot, fast fiebrig. Sie hatte ihren Punktevorsprung kontinuierlich ausgebaut und war nicht mehr einzuholen. Zufrieden lehnte sie sich zurück und lauschte, wie wir murmelnd, mit verdrossenen Mienen, unsere Punkte addierten.

»Jetzt macht doch nicht so ein Gesicht!«, tadelte sie, als kollidierte das Bild, das wir abgaben, mit ihrer Vorstellung von einer gütigen, nachsichtigen Großmutter, wie sie es auf den Fotos vorgab zu sein.

Als wir sie zurück zur Haltestelle brachten, lagen in ihrer Reisetasche der ausgelesene *stern*, die *Hörzu*, *Das Neue Blatt* und *Tina für die Frau von heute*. Oma Lydia lobte überschwänglich, wie schön der Tag gewesen sei und wie köstlich das Hühnerfrikassee.

An der B6 angekommen, wechselten wir die Straßenseite, setzten an der Haltestelle die Tasche ab, und das Gespräch verebbte. Schweigend starrten wir die Straße hinunter, Richtung Bremerhaven, von wo der Bus kommen sollte, und jeder hing seinen Gedanken nach, als würde der Besuch bereits der Vergangenheit angehören. Etwas lag in der Luft und musste noch gesagt werden.

Um das Schweigen zu brechen, gab meine Mutter sich optimistisch und witzelte, dass Tante Ingeborg es wohl nicht wagen würde, noch einmal ihre Reisepläne zu ändern, und ihre Schwester ganz sicher aus Amerika zu meiner Konfirmation anreisen würde.

Am starren Ausdruck ihrer Augen war zu sehen, wie es im Kopf von Oma Lydia arbeitete. Zu Hause angekommen, würde das Gedankenkarussell, das sich langsam in Bewegung setzte, richtig Fahrt aufnehmen, und wenn in der Nacht die Stimmen der Herren Köpcke, Thoelke, Kulenkampff und Rosenthal im Fernseher verstummt waren, würde Oma Lydia keinen Schlaf finden. Sie würde sich die Zeitschriften mit den Kreuzworträtseln vornehmen und die Lücken ausfüllen, die wir gelassen hatten, würde sich um jedes einzelne Buchstabenfeld kümmern und trotzdem nicht zur Ruhe kommen. Am nächsten Tag würde sie anrufen und meiner Mutter vorwurfsvoll mitteilen, dass ihr das, was sie bei uns gehört hatte, den Schlaf raube. Und dass sie glaube, es wäre besser, auf Nummer sicher zu gehen. Wir sollten uns auch vom Grundstück in Heißenbüttel trennen. Und dann würde sie vorrechnen, was sie immer vorrechnete: dass die Autos zu viel Sprit schluckten und im Unterhalt mit Versicherung und Reparaturen zu teuer kämen, wie auch der Pool eine unnötige Sache sei und dass Siegfried, mein Vater, uns ein Grab schaufelte und wir alle miteinander hineinfallen würden.

Meine Mutter würde wortlos den Hörer beiseitelegen, in die Küche gehen, sich eine Zigarette anzünden und zum Fenster hinausschauen. Nach dem ersten Zug würde sie den Hörer wieder aufnehmen und in beruhigendem Ton auf Oma Lydia einreden und erklären, dass alles bei uns in schönster Ordnung sei. Und sie sich wirklich keine Sorgen zu machen brauche.

Oma Lydia ließ sich im Bus vorne in der ersten Reihe beim Fahrer nieder, demselben wie auf der Hinfahrt.

Wenn sie einfach sitzen bleiben und der Fahrer mit ihr über die Endstation, Bremen Hauptbahnhof, hinaus immer weiter geradeaus fahren und der B6 folgen würde, käme sie hinter Hannover und Bad Harzburg an die deutsch-deutsche Grenze, und – wenn der Busfahrer mit ihr den Eisernen Vorhang durchbrechen könnte – weiter auf der B6 entlang bis nach Görlitz. Von dort wären es dann nur noch ein paar Hundert Kilometer bis Kattowitz, wo Oma Lydia in einem anderen Leben ihren Mann kennengelernt, ihre Kinder geboren und die Tür hinter sich zugemacht hatte.

6

Als Lydia in Krappitz in Oberschlesien zur Welt kommt, sind ihre ersten Schreie vermutlich das Letzte, was ihre Mutter vernimmt, bevor sie im Kindbett verstirbt. Der Vater ist plötzlich und unerwartet Witwer und steht mit vier Kindern und einem Säugling alleine da. Lydia, die Nachzüglerin, ist das einzige Kind, das im neuen Jahrhundert geboren wird. Ihre älteste Schwester übernimmt mit dem Haushalt Aufsicht und Erziehung, wird selbst nie heiraten und ist für Lydia Mutterersatz und wichtigste Bezugsperson.

Das Elternhaus steht an der Oder bei der Schleuse, die vom Vater bedient und gewartet wird. Die Schiffe auf dem Weg zur Ostsee oder von der Ostsee kommend gehören zu Lydias Kindheit und Jugend wie die nahe gelegene deutschpolnische Grenze, das Kaiser-Wilhelm-Denkmal und die Menschen, die zum Arbeiten herüberkommen, polnisch sprechen oder deutsch mit polnischem Akzent. Die Zukunft liegt in Breslau und Kattowitz, wo die Fabrikschlote rauchen.

Lydia ist ein blondgelocktes Mädchen mit blauen Augen, etwas altklug und gut im Kopfrechnen. Das erste Geschenk ihres Lebens bekommt sie von ihrem großen Bruder. Es ist ein Mitbringsel aus der Stadt, ein Bleistift.

Sie erlernt den Beruf der Buchhalterin und Stenotypistin, als das Kaiserreich bereits der Vergangenheit angehört. Nach Anstellungen im biederen Rathenow und in dem wilden Berlin mit seinen Tanzpalästen nimmt sie eine Festanstellung in der Zellstofffabrik in Kattowitz an. In ihrer Freizeit spielt sie Tennis.

Der Mann am Spielfeldrand, der kluge Ratschläge gibt und findet, ihre Rückhand sei verbesserungsbedürftig, heißt Fritz, hat schmale Lippen, ein feingeschnittenes Gesicht und Pomade im schwarzen Haar. Er kommt aus Bremen, war dort Polizist und verheiratet, hat seinen Dienst quittiert, sich scheiden lassen und ist in Oberschlesien als Handelsvertreter für Spirituosen unterwegs. Was seinen Humor, sein Organisationstalent und die Art betrifft, das Leben auf die leichte Schulter zu nehmen und anscheinend jedes Problem lösen zu können, ähnelt er Lydias großem Bruder.

Lydia ist schon weit über dreißig, als sie sich entschließt, ihren Beruf und ihre Selbstständigkeit aufzugeben, seinen Antrag anzunehmen und zu heiraten. Im Haushalt führt sie akribisch Buch über alle Einnahmen und Ausgaben, wie sie es gelernt hat, und schaut dem polnischen Mädchen auf die Finger, das einmal in der Woche kommt und ihr im Haushalt zur Hand geht. Dass die Polen klauen, gilt unter den Deutschen als ausgemacht.

Als Lydia ihr erstes Kind zur Welt bringt – ein Mädchen, sie nennen es Ingeborg –, marschieren deutsche Soldaten in Prag ein. Im Jahr darauf überfallen deutsche Truppen das nahe gelegene Polen. England und Frankreich erklären Deutschland den Krieg, und Lydia wird zum zweiten Mal schwanger. Einen Tag nach Führers Geburtstag kommt das zweite Kind zur Welt, wieder ein Mädchen. Marlene hat braungrüne Augen und schwarze Haare wie der Vater, während Ingeborg, blond und blauäugig, nach der Mutter geht.

Die deutsche Wehrmacht marschiert in den Niederlanden, Belgien und Frankreich ein, und der Krieg weitet sich auf Russland und die Welt aus. Die Mädchen lernen laufen und fangen an zu sprechen, als im fünften Jahr ihrer Ehe ein Einschreiben vom Wehrmeldeamt eintrifft. Es ist, wie befürchtet, der Einberufungsbefehl. Lydia verabschiedet Fritz, wie sie vorher schon ihre Brüder verabschiedet hat, und ist wie vor ihrer Ehe auf sich allein gestellt, nur dass sie jetzt zwei kleine Kinder zu versorgen hat.

Das Nötigste ist gepackt und steht an der Tür bereit, als die sowjetischen Truppen sich 1944 der Oder-Neiße-Grenze nähern. Auf dem Rücken der Rucksack mit dem Silberbesteck, rechts der Koffer, links die sechsjährige Ingeborg, die ihre vierjährige Schwester Marlene an der Hand halten muss – so verlässt Lydia die Wohnung in Kattowitz. Obwohl klar ist, dass es keine Rückkehr geben wird, schließt sie zweimal hinter sich ab. Auf dem Weg zum Bahnhof schärft sie Ingeborg ein, niemals die Hand ihrer kleinen Schwester loszulassen.

Hand in Hand werden Ingeborg und Marlene im Getümmel von fremden Menschen hochgehoben, durchs Zugfenster gereicht und ins Abteil verfrachtet, während Lydia sich im Gedrängel und Geschrei den Weg durch den Zug zu ihren Kindern durchkämpft.

Sie landen nach mehreren Monaten und einer Odyssee durch ein verwüstetes Land in Oberfranken. Verzweifelte

Menschen sind ihnen begegnet und ausgezehrte Soldaten, abgestumpft, gewaltbereit oder dem Wahnsinn nahe. Lydia hat den Kindern nicht nur einmal die Augen zugehalten oder ihnen befohlen wegzuschauen, wenn sie Tote sahen oder andere schlimme Dinge. Auf der Etappe, irgendwo zwischen Dresden und Nürnberg, wird ihnen das Silberbesteck geklaut, weil Lydia unaufmerksam ist und ihr vor Erschöpfung die Augen zufallen. Die vierjährige Marlene erbricht das Wenige, das es zu essen gibt, und ist ganz apathisch, aber sie sind beisammen und körperlich unversehrt. Sie kommen bei Bauern unter.

Lydia weiß nicht, ob Fritz noch lebt, ob sie den Ehemann und den Vater ihrer Kinder jemals wiedersehen wird und wie es weitergehen soll. Sie ist eine Frau von einundvierzig Jahren, mit dunklen Schatten unter den Augen, die ihr ein Leben lang erhalten bleiben werden. Sie arbeitet auf dem Feld, zieht Rüben, bekommt Schwielen an den Händen, die früher Tennisschläger und Stift gehalten und die Rechenmaschine bedient haben, und erhält im Gegenzug ein Dach über dem Kopf, eine Kammer für die Kinder und sich, und etwas zu essen, vor allem Schmalz, während die Bauersleute am anderen Ende der Tafel sich Butter aufs Brot schmieren. Der Ort, an dem sie versuchen, sich so gut es geht einzurichten, heißt Gesäß.

»Der Arsch der Welt«, sagt Fritz, als er kommt, um sie abzuholen.

Fast vier Jahre haben sie einander nicht gesehen und nichts voneinander gehört. Ein Steckschuss in Russland hat ihm das Leben gerettet. Er ist zurück nach Bremen gegangen, wo er Leute kennt und Kontakte und Freunde aus der

Vorkriegszeit hat. Als er über das Rote Kreuz erfuhr, wo seine Familie ist, hat er sich sofort auf den Weg gemacht.

Er ist schmal geworden, ein Strich in der Landschaft, aber immer noch kräftig genug, um Lydia zu umarmen und seine beiden Mädchen hochzuheben, beide gleichzeitig.

7

*ein türkisfarbener Morgenmantel — une robe de chambre
bleu turquoise
ein Totalschaden — une perte totale
blind mit zehn Fingern schreiben — écrire à l'aveuglette*

»Ich geh dann mal rüber«, sagte ich und nahm die Hundeleine.

»Denk dran«, antwortete meine Mutter. »Um sechs gibt's Abendbrot.« Die Tür vom Geschirrspüler schnappte zu. »Und pass auf an der B6.«

Die Fußgängerampel funktionierte auf Knopfdruck und war aufgestellt worden, nachdem ein Kind aus dem Erikaweg beim Überqueren der Straße tödlich verunglückte – vier Jahre nachdem es mit Boris eingeschult worden war.

Ich wartete auf Grün, wechselte auf die andere Seite und bog mit Frieda an der Leine in den Koppelweg. Die Kiefern standen so dicht, dass hier auch am Tag Dunkelheit herrschte und das Regenwasser in den Schlaglöchern selten ganz verschwand.

In der Ferne, auf dem Truppenübungsplatz, war ein Grollen zu hören. Amerikanische Panzer waren gestern mit ihren schweren Ketten stundenlang über die B6 gerollt, hatten Mauern und Wände zum Zittern und die Gläser in den Schränken zum Klirren gebracht. Man konnte dann nur abwarten, bis es vorbei war und das gewohnte Rauschen des Verkehrs wieder einsetzte.

Frieda machte um jede Pfütze einen Bogen. Sie hasste es, nasse Pfoten zu bekommen, war für einen Rauhaardackel zu klein, das Fell zu weich. Oft saß sie einfach nur da und zitterte still vor sich hin, ohne dass sich erkennen ließ, warum und was das Problem war. Sie war auch mit fünf Jahren immer noch nicht stubenrein und ließ sich nicht abgewöhnen, nachts in den Windfang zu pinkeln. Vielleicht war ihre Blase zu klein, aber sie kackte auch und steckte mit dieser schlechten Angewohnheit den anderen Hund an, den Münsterländer von Angela.

»Frieda ist degeneriert«, sagte Boris. »Deshalb stinkt sie und zittert.«

Er fand, Hunde hätten keinen Charakter – im Gegensatz zu Katzen. Seine erste war pechschwarz gewesen und wurde auf der B6 überfahren. Die Stelle auf dem Asphalt, wo es sie erwischt hatte, brannte sich uns allen ins Gedächtnis ein.

Boris bekam bald eine neue Katze, eine bernsteinfarbene mit grünen Augen, aber es dauerte nicht lange, und sie wurde ebenfalls überfahren. Als auch seine dritte Katze, grau-schwarz getigert mit weißen Pfoten, auf der B6 endete und wir wieder tagelang weinten, hieß es: Katzen kommen nicht mehr ins Haus.

Auch Angelas Wellensittich wurde nicht mehr ersetzt, nachdem Luna ihn sich geschnappt und geschüttelt hatte, so wie sie sich im Wald auch regelmäßig die wilden Kaninchen schnappte, apportierte und auf der Terrasse ablegte oder – wenn die Terrassentür offen stand – auf dem weißen Velours vor dem Fernseher.

Das tote Tier, ein schlaffes Bündel mit blutigem, aufgerissenem Fell, einer klaffenden Bisswunde und den toten Augen verfolgte uns bis in den Schlaf.

Wir schimpften mit Luna, aber Angela nahm ihren Hund in Schutz und sagte: »Luna ist eben ein Jagdhund und kein Schoßhund.«

Ich drückte auf den Klingelknopf über dem Messingschild mit dem eingravierten Namen: *Schlüter*. Ein Klicken ertönte. Ich schob das Tor beiseite. Frieda quetschte sich durch den Spalt und schoss über den Weg zum Haus hinauf.

»Na?«, fragte Zoe schon von Weitem. Ihre Haare, zu einem Knoten zusammengewurschtelt, wurden oben auf dem Kopf von einer kleinen goldenen Pyramide gehalten. Die Haarspange verlieh ihr etwas Königliches, während das karierte Hemd von ihrem Vater zusammen mit den kaputten Jeans eher an einen Cowboy erinnerte.

»Neuer Schal?«, fragte sie.

»Bloß geliehen.« Ich zog den Reißverschluss meiner Jacke auf. »Von Jean-Philippe.«

»Ist er weg?«

»Seit Samstag.«

»Traurig?« Sie ließ mich eintreten.

»Bisschen.« Ich zog die Schuhe aus.

Frieda nieste vor Freude, rannte ins Wohnzimmer, einmal um den Tisch herum, kam wieder zurück und war völlig am Durchdrehen. Als wäre die vergangene Woche, in der wir nicht hier gewesen waren und sie Zoe nicht gesehen hatte, die reinste Qual gewesen.

Zoe rubbelte Friedas Fell und schaute gleichzeitig zu mir auf: »Willst du mal was sehen?«

Ich folgte ihr ins Bad. Im Zahnputzbecher ihres Vaters stand eine zweite Zahnbürste, rosa, daneben eine Flasche *Oil of Olaz,* und am Haken hing ein türkisgrüner buntbestickter Morgenmantel, den ich ebenfalls noch nie gesehen hatte.

»Von Betti?«, fragte ich, aber die Frage war überflüssig. *Oil of Olaz,* Morgenmantel und Zahnbürste waren nur weitere Hinweise in einer mittlerweile ziemlich langen Kette von Indizien, die allesamt bewiesen, dass Betti dabei war, sich systematisch auszubreiten. Wenn es so weiterging und niemand sie stoppte, würde sie hier bald eingezogen sein.

»Scheiße«, sagte ich und schraubte die Flasche *Oil of Olaz* auf. »Und jetzt?«

Vielleicht war es meine vergleichsweise gleichmütige Reaktion oder ihre eigene Hilflosigkeit: Zoe schlug in einem Anfall von Wut gegen Bettis Morgenmantel, sodass er vom Haken runter auf den Boden fiel, und verließ den Raum.

Ich hob den Bademantel auf, hängte ihn zurück an den Haken und folgte Zoe in die Küche, nachdem ich die Flasche *Oil of Olaz* zugeschraubt und auf der Ablage zurechtgerückt hatte.

»Ich garantiere dir, sobald deine Mutter zurückkommt, ist Betti verschwunden.«

»Und wenn nicht?« Zoe stand am geöffneten Kühlschrank und starrte hinein.

»Dann fällt uns schon etwas ein«, behauptete ich.

»Was?«

»Keine Ahnung. Wir vergraulen sie.«

»Die lässt sich nicht vergraulen.« Zoe begann, in den Fächern vom Gefrierschrank zu kramen.

»Eine andere Möglichkeit sehe ich nicht.« Ich lehnte mich an den Küchenschrank. »Wir können sie ja nicht umbringen.«

»Warum eigentlich nicht?« Zoe drehte sich zu mir herum.

»Betti umbringen?« Ich schüttelte den Kopf. »Spinnst du?«

Aber Zoe, vor dem offenen Gefrierschrank, sah in diesem Moment so verloren aus, dass ich sie am liebsten in den Arm genommen hätte, wie die Franzosen sich ständig in den Arm nahmen.

Aber wir waren keine Franzosen, und das mit der Umarmung hatte ich bei Zoe schon hinter mir, als ich nach dem Unfall hinter ihr hergerannt war. Ich hatte sie nie gefragt, was sich eigentlich damals bei ihr und ihrer Mutter im silbernen Chevrolet, in der Minute nach dem Aufprall, abgespielt hatte. Hatte ihre Mutter etwas gesagt oder gerufen, oder hatte sie einfach nur stumm dagesessen, wie sie später auch hier immer nur stumm herumsaß? Hatte es schon vor dem Unfall mit den psychischen Verstimmungen angefangen oder erst danach? Ich sprach mit Zoe über den Unfall nur dann, wenn sie sagte: »Erzähl doch noch mal die Geschichte mit der Frikadelle.«

Ich tat ihr den Gefallen, baute die Geschichte im Laufe der Zeit immer weiter aus und perfektionierte sie, indem ich zum Beispiel unsere Fahrt bei offenem Fenster und lauter Musik über den Schierhorster Weg durch die Felder beschrieb. Wie wir sangen: »Über den Wolken muss die Freiheit wohl grenzenlos sein«, und ich es vor Hunger nicht mehr aushielt und die Frikadelle aus dem Papier wickelte, die wir fertig gebraten bei Härtling fürs Abendbrot eingekauft hatten und deren Duft mir schon die ganze Zeit in die Nase zog. Wie ich abbeißen wollte, als es einen lauten Knall gab und einen heftigen Ruck.

Das Auto stand still, die Musik war aus und die Frikadelle wie durch Zauberei aus meiner Hand verschwunden.

»Ist dir etwas passiert?« Meine Mutter drehte sich benommen zu mir um. Sie blutete an der Stirn. »Tut dir etwas weh?«, schrie sie. »Sag etwas. Mach den Mund auf!«

Ich zeigte stumm auf die Frikadelle. Sie war nach vorne geflogen, gegen die Windschutzscheibe geklatscht und plumpste in diesem Moment aufs Armaturenbrett herunter.

Wir stiegen aus, und auch beim Chevrolet, mit dem wir zusammengekracht waren, flog die Tür auf. Ein Mädchen, ungefähr mein Alter oder etwas älter, kletterte schreiend heraus und lief davon, mitten ins Maisfeld hinein.

Ohne nachzudenken, mich abzusprechen oder etwas zu sagen, rannte ich hinterher. Das Mädchen lief schnell, ich schaffte es nicht, sie einzuholen, bis sie keuchend stehen blieb, als wäre eine unsichtbare Laufleine an ihr Ende gekommen.

Umringt vom Mais standen wir voreinander, sie weinend, ich schwer atmend und völlig aus der Puste.

Ich weiß nicht, warum ich es tat, wahrscheinlich, damit das Mädchen aufhörte zu weinen, ich dachte nicht weiter darüber nach: Ich umarmte dieses fremde Mädchen, das etwas größer war als ich, vielleicht einen halben Kopf, eine Holzkette trug und eine Bluse mit Seerosen, hielt sie fest und spürte, wie ihre Schultern langsam aufhörten zu zucken, während ihr Schluchzen weniger wurde und schließlich ganz verstummte.

»Ist gut«, sagte sie schließlich. »Kannst mich loslassen.«

Ich gehorchte, trat einen Schritt zurück und schaute sie an. Sie hatte grüne Augen und wischte sich mit dem Ärmel über die verrotzte Nase.

Ich zog ein Päckchen Taschentücher aus meiner Hosentasche, bot ihr eines an und fragte, wie sie heiße.

»Zoe«, sagte sie.

Ich hatte den Namen noch nie gehört. »Zoe?«, wiederholte ich. »Mit S?«

Sie schneuzte sich und antwortete nicht. Ich nannte meinen Namen, obwohl sie nicht danach fragte, und dann gingen wir schweigend zurück – Zoe voraus und ich hinterher.

Wir waren in Zoes Zimmer gegangen, hatten uns auf den Boden gesetzt und aßen, ans Bett gelehnt, Eis aus dem Fünfliterbehälter.

»Wie ist er eigentlich so?«, fragte Zoe.

»Wer?«

»Jean-Philippe.« Sie steckte ihren Löffel in die Packung und nahm ihren Zeichenblock und den Grafitstift. »Erzähl mal. Wie sieht er aus? Ist er groß?«

Ich überlegte. »Normal, würde ich sagen.«

»Haare?«

»Mittellang.«

»So?«

»Länger. Viel länger.«
»Burlingtonsocken?«
»Tennis.«
»Kein Popper?«
Ich schüttelte den Kopf.
»Spricht er eigentlich Deutsch?«, fragte Zoe.
»Geht so.« Ich kratzte das Eis aus der Packung und imitierte, wie er statt »Heilshorn« immer »Eils-Orn« sagte.

Anders als erwartet, lachte Zoe nicht, sondern sagte: »Ich kenne keinen Franzosen. Keinen einzigen.«

Ich schwieg und fühlte mich schlecht. Unausgesprochen stand die Frage im Raum, warum ich nicht ein Mal mit Jean-Philippe hierhergekommen war auf die andere Seite, in den Koppelweg zu Zoe, und sie miteinander bekannt gemacht hatte.

Ein paarmal war ich kurz davor gewesen, hatte mich dann aber immer dagegen entschieden. Wahrscheinlich hatte ich Angst, dass die beiden sich so gut verstehen würden, dass ich plötzlich überflüssig war. Und herausgekommen wäre, dass Jean-Philippe der Tollere von uns beiden war und ich eigentlich unter Zoes Würde.

»Komm uns doch mal besuchen«, hatte Frau Schlüter gesagt, als sie nach dem Unfall mit den Versicherungsunterlagen und einer Dose *Quality Street* zu uns kam – so aufgebrezelt und geschminkt, wie ich sie zum ersten Mal auf der Post gesehen hatte, und im selben Pepita-Kostüm, das sie auch beim Unfall trug. »Zoe würde sich freuen«, fügte sie hinzu.

»Klar«, antwortete ich und hob gleichgültig die Schultern, aber in Wirklichkeit war ich elektrisiert. Zwar bezweifelte ich, dass Zoe einen Luftsprung machen würde, wenn der Knilch mit dem Seitenscheitel wieder vor ihr stand, der sie im Maisfeld, ohne zu fragen, umklammert und nicht wieder losgelassen hatte. Aber gleichzeitig ahnte ich, dass die Welt von Zoe und Frau Schüter, in der es Blusen mit Seerosen, einen silbernen Chevrolet und eine DDR-Vergangenheit gab, eine aufregende Bereicherung meines Lebens sein könnte, in dem Cordhose und Pullunder Ton-in-Ton getragen wurde und nichts so sicher war, wie dass es um sechs Uhr Abendbrot gab.

»Nächste Woche?«, fragte Frau Schlüter.

»Könnte ich eventuell schaffen«, nickte ich.

»Na, bei der hast du ja ordentlich Eindruck geschunden«, sagte meine Mutter, als Frau Schlüter fort war. Es klang nicht gerade wie ein Kompliment, sondern ziemlich abfällig und brachte mich in einen Loyalitätskonflikt, der im Grunde bis heute fortdauerte. Immerhin hatte Frau Schlüter gerade unser Auto zu Schrott gefahren. Während ihr Chevrolet am Kühler eine kleine Beule abbekommen hatte und ein Scheinwerfer und ein Blinker kaputtgegangen waren, bot unser R12 ein Bild des Grauens: Der Kotflügel war so gut wie nicht mehr vorhanden und die Motorhaube komplett zusammengefaltet und nach oben gedrückt. Wir hatten den R12 geliebt, und uns war zum Heulen zumute, als der Mann vom Abschleppdienst sagte, was offensichtlich war: dass der Wagen nicht mehr zu reparieren war. Totalschaden.

»Ich weiß nicht, wie das passieren konnte«, hatte Frau Schlüter an der Unfallstelle gerufen und diesen Satz zwei Tage später bei der Übergabe der Versicherungsunterlagen wiederholt. »Ich habe Sie nicht gesehen. Ich habe Sie einfach nicht gesehen.«

Die Antwort war simpel: Wenn der Mais so hoch stand, dass man nichts sehen konnte, fuhr man langsam um die Ecke. Aber sie hatte genau das Gegenteil getan. Statt zu bremsen, hatte sie in der Kurve ordentlich Gas gegeben – wahrscheinlich weil der Hermann-Löns-Weg an der Stelle etwas bergauf führte und sie Angst davor hatte, mit Handbremse anzufahren. Die Sache war jedenfalls klar: rechts vor links. Frau Schlüter war schuld, aber unser R12 kam trotzdem in die Schrottpresse.

Ich ging gleich am nächsten Tag auf die andere Seite zu Schlüters in den Koppelweg. Damit Zoe mir nicht unter einem Vorwand die Tür vor der Nase zuschlug, wandte ich einen Trick an: Ich nahm Frieda mit.

Es war genau die richtige Entscheidung. Zoe und Frieda – das war Liebe auf den ersten Blick.

Zoe kramte in ihren Schallplatten – das Signal, dass es Zeit wurde anzufangen. Ich stand auf und ging zum Schreibtisch.

»Depeche Mode oder Culture Club?«, fragte Zoe. »Oder mal Spandau Ballet?«

»Wenn's geht: Rondo Veneziano.« Ich legte mir ein Kissen unter, schob die Olivetti beiseite und setzte mich.

»Du bist schon bei R und U?«, fragte ich überrascht mit Blick auf das eingespannte Blatt Papier in der Schreibmaschine und das aufgeschlagene Übungsbuch. Ich war noch bei S und L. Die Zeit mit Jean-Philippe hatte mich zurückgeworfen.

Ich nahm mir ein Schmierpapier vom Stapel. »Wusstest du, dass Simmel bei jedem Buch, das er schreibt, eine Schreibmaschine verschleißt?«

Zoe ließ die Schallplatte aus der Hülle gleiten, hielt die Scheibe gegen das Licht, pustete ein paar Mal drüber und legte sie auf. Ein Knistern war zu hören, dann setzte die Musik ein. Klassisch, aber nicht traurig, sondern sehr beschwingt.

»Kein Wort über Betti«, befahl Zoe, während sie ihren Skizzenblock aufschlug und Frieda es sich neben ihr auf dem Bett gemütlich machte. »Und keinen Kitsch. Wie deinen Sonnenuntergang letztes Mal. Den musste ich wieder rausnehmen.«

Ich schraubte den Parker auf. Ich fing immer mit demselben Satz an. Ich brauchte ihn, um reinzukommen und mich einigermaßen auf Zoe, ihre Perspektive und ihre Mutter einzustimmen.

Liebe Mutti, schrieb ich. *Wie geht es Dir? Mir geht es gut.*

Es war schon fast in Vergessenheit geraten, dass wir bis zum Unfall ein komplett positives Bild von Frau Schlüter hatten – was, um ehrlich zu sein, vor allem an ihrem Auto lag, dem Ami-Schlitten, mit dem sie so cool, irgendwie unabhängig, durch die Siedlung glitt, dass wir sie am Abendbrottisch nur die »Chevi-Frau« nannten. Wir glaubten, bei ihr eine Grundeinstellung zu erkennen, die unserer nahezukommen schien und sie – im Gegensatz zu den meisten anderen Leuten in der Siedlung – befähigen könnte, mit uns in einer Liga zu spielen.

Der Unfall machte aus der Chevi-Frau eine Rabenmutter, bei der alle Reflexe versagt hatten und die tatenlos zusah, wie ihre Tochter nach dem Aufprall schreiend ins Maisfeld lief. Zwar bekam sie mildernde Umstände, da ihr Verhalten wohl auf den Schock zurückzuführen war, den auch Zoe erlitten hatte. Trotzdem begannen wir sie nun kritischer zu sehen. Spotteten über ihre Kostüme und die Frisur und nannten sie die »Doris Day von Heilshorn«. Auch wenn es keiner zugegeben hätte, konnten wir ihr nicht verzeihen, dass sie unseren Renault zu Schrott gefahren hatte und selbst mit einem Blechschaden davongekommen war.

Gleichzeitig hatte sie mit ihrem Chevrolet Maßstäbe gesetzt, an denen wir uns beim Kauf des neuen Autos orientierten. Schnell war klar, dass der Nachfolger vom R12 kein Gebrauchter, sondern ein Neuwagen sein sollte. Doch bei unseren Ausflügen in die Autohäuser war uns nichts gut genug. Der Käfer war uns zu klein, der Golf zu gewöhnlich, und beim BMW waren die Sitze zu hart.

Dass es am Ende zur Fehlentscheidung mit dem Ford Escort kam, mochte an der Erschöpfung und am Zeitdruck gelegen haben, denn ohne Zweitwagen ging es in der Pampa nicht. Oder hatte es mit der Farbe zu tun? Der silberne Escort erinnerte uns – vielleicht unbewusst – an den silbernen Chevrolet. Aber der Ford Escort war die kleine Lösung, die wir anscheinend brauchten, um uns einzugestehen, dass der Ford Capri mit seiner goldmetallicfarbenen Lackierung viel eher unserem Lebensgefühl entsprach.

Ich ließ mich von spöttischen Untertönen und hämischen Bemerkungen über Frau Schlüter nicht von meinem Weg abbringen. Für mich war der Unfall eine Zäsur, denn Zoe trat in mein Leben. Ich erlebte, dass man bei Zoe jederzeit fernsehen, die Stereoanlage aufdrehen und auf dem Atari Computerspiele spielen durfte. Der Kühl- und Gefrierschrank war bis oben hin voll mit Fertigprodukten, und es interessierte niemanden, wenn ein Mittagessen aus Profiterole und gedecktem Apfelkuchen bestand und das Kaffeetrinken aus Bœuf Stroganoff in Weißweinsauce und Pizza Vier Jahreszeiten.

Was ich anfangs über die Schlüters ausplauderte, machte meine Eltern fassungslos. Von Wohlstandsverwahrlosung war die Rede und dass den Schlüters ihr Wechsel von der DDR zu uns in die Bundesrepublik wohl nicht gut bekommen beziehungsweise zu Kopf gestiegen sei. Wir analysierten, dass die Schlüters einerseits überambitioniert, andererseits überangepasst seien, wie es vielleicht typisch sei für Leute aus der DDR, die großen Nachholbedarf hätten und alles daransetzten, so schnell wie möglich hundertprozentige Westdeutsche zu werden.

Die Schlüters waren bei meinen Eltern im Prinzip schon untendurch, als sich die schlimmsten Befürchtungen erst noch bestätigten. Wir ertappten Frau Schlüter, wie sie allein im Erfrischungsraum vom Kaufhaus Reuter in ihrer Koje saß, ein Glas Wein vor sich hatte, nicht aufschaute und sich hinter ihrer Zeitschrift verkroch. Sie war zu dem Zeitpunkt schon keine Avon-Beraterin mehr und trug statt ihrer weißblonden Frisur nun dunkle Stirnfransen. Nichts an ihr erinnerte mehr an Doris Day. Sie war jetzt Sue Ellen.

»Frau Schlüter sitzt bei Reuter im Erfrischungsraum, trinkt Wein und liest *Emma*«, berichtete meine Mutter am Abendbrottisch, und es klang wie ein Witz.

Um das negative Bild nicht noch zu verstärken, unterließ

ich es zu berichten, dass sie tagelang mit Migräne im Bett lag oder allein mit einem Glas Wein auf der Terrasse saß und trübsinnig ins Grüne starrte. Frau Schlüter galt ohnehin als gescheitert, als jemand, der den Wechsel in die Bundesrepublik nicht verkraftet hatte, und erregte damit Mitleid – aber es machte sie auch verdächtig. Als wäre sie mit einem ansteckenden Virus befallen, das auf uns überspringen könnte.

Wenn jetzt noch herauskäme, dass ihr Besuch bei Verwandten in Süddeutschland in Wirklichkeit ein Klinikaufenthalt in einer Nervenheilanstalt am Tegernsee war, sie also in der Klapsmühle gelandet war und Zoes Vater sich während ihrer Abwesenheit mit einer Volontärin vergnügte, wäre endgültig klar, dass Zoe aus einem zerrütteten Elternhaus kam. Dann wäre es nur noch eine Frage der Zeit, bis die Frage im Raum stand, ob Zoe für mich noch der richtige Umgang sei. Und ich könnte mir an fünf Fingern abzählen, wann es mit meinen Besuchen bei Zoe vorbei sein würde.

Ich vermisse Dich und hoffe, dass wir uns bald wiedersehen, schrieb ich und schraubte nach diesem schönen Schlusssatz den Parker zu.

»Fertig«, sagte ich.

Während Zoe ihren Brief an ihre Mutter überflog, zog ich mir die Schuhe an. Ich musste mich beeilen, um nicht zu spät zum Abendbrot zu kommen und unnötige Diskussionen über Sinn und Unsinn meiner Besuche auf der anderen Seite anzufachen.

»Okay?«, fragte ich und nahm die Hundeleine.

»Perfekt«, sagte Zoe und legte den Brief zum Abtippen neben die Olivetti. »Danke.«

8

farbige Doppelseiten — des doubles pages colorées
ein verstaubtes Zifferblatt — un cadran poussiéreux
ein goldenes Feuerzeug — un briquet en or

»Was habt ihr gemacht?«, fragte meine Mutter.
»Nichts«, antwortete ich. »Jedenfalls nichts Besonderes.«
»Und Zoes Mutter? Wie geht's ihr?«
»Schon besser, glaube ich.«
»Also immer noch Depressionen«, stellte meine Mutter fest und fügte seufzend hinzu: »Die muss man sich erst mal leisten können«, während mein Vater sich mit gesenktem Kopf von seinem Sitzplatz am Kopfende der Tafel erhob, die Stufen ins Wohnzimmer hinunterstieg und im Vorbeigehen den Fernseher anstellte.
Bis er sich gesetzt und die Hausschuhe abgestreift hatte, baute sich auf der Mattscheibe knisternd das Bild auf, und der Raum erfüllte sich mit Stimmen und Melodien, die sich beim Abräumen über unser Gespräch legten. Es ging um unsere Zahnarzttermine und die anstehende Prophylaxe, die bis auf Weiteres ausfallen musste, weil es Ärger mit der privaten Versicherung gab. Der Klangteppich legte sich

über diese unerfreuliche Angelegenheit, erstickte unser Interesse daran und alle weiteren Fragen, und das Gespräch versickerte.

Mein Vater okkupierte mit seiner Körperlänge die gesamte Sofa-Fensterfront und hatte zur Abpolsterung für den Kopf mehrere Sofakissen übereinandergeschichtet. Wie er im künstlichen Licht der Wohnzimmerlampe stundenlang nahezu bewegungslos dalag, integrierte er sich mit seiner karamellfarbenen Strickjacke, dem verwuschelten Haarschopf und gezwirbelten Oberlippenbart fast nahtlos in die Sofalandschaft aus braunem Velours und schien langsam mit ihr zu verschmelzen.

Die Welt, in die er eintauchte, bestand aus zwei Programmen und einem Ablauf, der in der *Hörzu* in farbigen Doppelseiten übersichtlich abgedruckt und aufgeschlagen auf dem Sessel neben ihm lag und dort jederzeit eingesehen werden konnte.

Von Zeit zu Zeit geschah es, als wäre plötzlich etwas in ihn gefahren, dass er ruckartig hochkam, zuerst mit dem Kopf, den plattgedrückten Locken, dann mit dem ganzen Oberkörper, und sein Arm seitlich ausfuhr. Mit der Hand schnappte er sich vom Tisch aus dem Stanniolpapier ein Stück Schokolade. Aufs Kissen zurücksinkend, warf er sich die Süßigkeit in den Mund, wo er sie mit den Zähnen zerknackte, ohne dass er während der gesamten Aktion das Geschehen auf der Mattscheibe auch nur für eine Sekunde aus den Augen gelassen hatte.

Sein Blick, sonst oft gedankenverschleiert zu Boden gesenkt oder auf das gerichtet, was vor ihm lag – der Weg, der Teller oder die Zeichnung –, war im flimmernden Licht des

Fernsehers und in dem Stimmen- und Musikgewirr voller Aufmerksamkeit, hellwach und klar. Mit erhobenem Kinn schaute er geradeaus, und seine Miene spiegelte die ganze Bandbreite an Emotionen wider, die das deutsche Fernsehen über den Abend verteilt bereithielt. Alles konnte mein Vater mimisch darstellen, während er mitfieberte und sein Gesicht sich beim Krimi, während des Showdowns, vor Spannung verzerrte, er mit dem souveränen Lächeln eines Lebemanns dem Star zwischen federngeschmückten Tänzerinnen die Showtreppe hinunterfolgte oder seine Stirn sich in grüblerische Falten legte, wenn sich zu unheilvoller Musik die Kapsel über dem Quizkandidaten schloss, das Studiolicht heruntergefahren und der große Umschlag mit den finalen Fragen geöffnet wurde.

Meine Mutter, zwei Sessel entfernt auf der anderen Seite der *Hörzu,* bewegte lautlos die Lippen, während sie die Maschen auf der Stricknadel zählte. Vor ihr, auf dem Marmortisch, stieg von der Zigarette im Aschenbecher der bläuliche Qualm auf. Sie zog abwechselnd an der Zigarette und am Faden, der über ihren Finger zum Sessel rechts verlief, wo aufgereiht, in verschiedenen Farben, die Wollknäuel saßen, die stillen, flauschigen Teilnehmer dieser gemütlichen Abendveranstaltung. Lange Zeit sahen die Knäuel vollkommen intakt und scheinbar unberührt aus, bis sie, von innen ausgehöhlt, in sich zusammenfielen, weil das Fadenende erreicht war.

Meine Mutter holte aus dem Strickkorb ein neues Knäuel hervor. »Ich weiß nicht, wie es dir geht«, sagte sie und bohrte auf der Suche nach dem Fadenanfang mit dem Finger ins Knäuel. In ihrer Fernsehbrille spiegelten sich die bunten Bilder von der Mattscheibe und duplizierten sich in den großen Gläsern. »Aber ich könnte eigentlich noch einen Kaffee vertragen.«

Die Brauen meines Vaters wanderten langsam nach oben, verharrten dort im größtmöglichen Abstand zu seinen weit aufgerissenen Augen und verliehen seinem Gesicht einen überraschten, fast erschrockenen Ausdruck. Die Äußerung erforderte, dass er seine Aufmerksamkeit von den Geschehnissen im Fernseher abziehen musste.

»Oder lieber einen Tee?« Meine Mutter rümpfte die Nase, breitete auf dem Sessel ihre Strickarbeit aus und legte das Zentimetermaß an.

»Hm?«, kam es von meinem Vater, wie von einem Gerät, das mit dem akustischen Signal den Wechsel vom Stand-by- in den Aufnahmemodus anzeigte.

»Ich glaube« – meine Mutter strich bedächtig über die gestrickte Seide mit dem matten Glanz –, »ich mache uns noch einen Kaffee.«

Ich wünschte eine gute Nacht. Mein Vater hob die Hand, und meine Mutter schaute überrascht zur Uhr. Dass der Abend schon so weit fortgeschritten war – damit schien sie nicht gerechnet zu haben.

Als würde sich ein Nebel lichten, begann sich vor ihrem geistigen Auge der nächste Tag mit all seinen Herausforderungen abzuzeichnen, den ungelösten Fragen und Problemen, ungeöffneten und liegengebliebenen Briefen vom Finanzamt, dem Anruf beim Rechtsanwalt, der getätigt, und der Termin vor Gericht, der wahrgenommen werden musste. Alles, was nicht mehr hatte geregelt werden können und auf den nächsten Tag, hinter den Sendeschluss, verlegt worden war, trat plötzlich in den Vordergrund, und mit meiner Mutter ging eine Veränderung vor.

Sie war in diesem Moment entschlossen, dem neuen Tag mit frischem Mut und neuer Energie zu begegnen und alle Herausforderungen anzunehmen, und zwar der Reihe nach, ganz von vorne. Für diesen Plan musste sie schon jetzt die Weichen stellen, wie sie schon so oft die Weichen gestellt hatte, eigentlich jeden Abend, mit immer demselben Plan und derselben Idee.

»Spatz«, sagte sie und schlug den pragmatischen Ton an, den sie immer anschlug, wenn es um vernünftige Vorschläge ging. »Tu mir doch den Gefallen, und weck mich morgen früh, falls ich den Wecker nicht höre.«

Mit dem Wecker war es so eine Sache. Er tickte nicht, sondern funktionierte lautlos mit Strom. Die Zeiger verschwanden hinter einer dicken Schicht aus Staub, der sich über die aerodynamisch abgeschrägte Plexiglasscheibe des Ziffernblatts gelegt hatte und die Zeit dahinter zu einer unklaren und verschwommenen Angelegenheit machte.

Der Weckvorgang begann mit einem katzenhaften Schnurren, das über die Minuten lauter wurde und schließlich in einen Krach ausartete, der sich im finalen Stadium anhörte, als ob ein Schlagbohrer in die Mauer getrieben würde. Der Lärm war so groß, dass im Wohnzimmerschrank am anderen Ende des Hauses die Sektgläser klirrten, was sonst nur passierte, wenn Manöver war und die amerikanischen Panzer hinter unserem Grundstück auf der B6 entlangrollten.

Meine Eltern hatten die Fähigkeit entwickelt, den Weckton bei jedem Lautstärkeintervall in ihre Träume zu integrieren und für ihren Schlaf zu nutzen.

Nur einmal im Jahr, am ersten Schultag nach den großen Ferien, wenn wir alle voller guter Vorsätze waren, rappelte meine Mutter sich morgens auf und warf sich den Bademantel über. Sie wollte zeigen, dass sie eine gute Mutter war, und uns Kindern ab sofort jeden Morgen ein Frühstück hinstellen, wie die anderen Mütter in der Siedlung es auch taten. Sie wollte alles tun, um uns und letztlich auch sich selbst den richtigen Start in einen erfolgreichen Tag zu ermöglichen.

In der Praxis sah es so aus, dass sie verschlafen, mit verquollenem Gesicht und zerzausten Haaren in der Küche hinter der Durchreiche erschien, mit brüchiger Stimme, die noch keine feste Tonlage gefunden hatte, einen guten Morgen wünschte und mit halb geschlossenen Augen die Brotmaschine in Gang setzte.

»Gut geschlafen?«, fragte sie mechanisch, während sie die Butter aus dem Kühlschrank holte und begann, wie eine übermüdete Kantinenkraft mit der harten Butter Löcher in den Graubrotteig zu reißen.

Wir warteten auf die Herausgabe unserer Frühstücksteller, beantworteten einsilbig Fragen nach gepackten Schultaschen und ähnlichem organisatorischem Zeug, während der Honig uns beim Essen die Hände verklebte, und hielten ansonsten unsere Klappe. Wir wussten, dass sich dieses Prozedere am nächsten, spätestens am übernächsten Schultag von allein erledigt haben und alles wieder so ablaufen würde, wie es sich im Laufe der vergangenen Schuljahre eingespielt hatte: Boris würde sich, bevor meine Mutter überhaupt ans Aufstehen dachte, durch das kleine Fenster seines Zimmers, des ehemaligen Vorratsraums, gezwängt haben, auf sein Rennrad gestiegen sein und durch die Felder in die Kreisstadt fahren, um den Schultag mit einer Partie Billard einzuläuten – falls er nicht vorher in den Wald abgebogen war, um Käfer für seine Käfersammlung zu sammeln. Corinna würde den Morgen nutzen, um sich in Ruhe mit Rundbürste und Haarspray zu stylen, Radio zu hören und die übrige Zeit mit Freunden und dem neuzugezogenen Grufti im Bushaltestellenhäuschen zu verbringen, während Angela mit Palästinensertuch, Zigarette, Parka und den anderen Schülern der gymnasialen Oberstufe an der B6 stand und trampte, statt sich im Schulbus mit den Rabauken aus der Haupt- und Realschule um einen Sitzplatz zu prügeln, der mit Pimmelbildern und zotigen Sprüchen beschmiert war.

Ich betätigte im Gäste-WC die Klospülung und wusch das muffige Schwammtuch aus, mit dem ich im Windfang die Hinterlassenschaften von Frieda beseitigt hatte, während im Schlafzimmer meiner Eltern der Wecker im finalen Stadium kurz vor dem Zerspringen war. Wenige Minuten später stand ich, wie mir am Abend (und an allen anderen Abenden davor) von meiner Mutter aufgetragen wurde, vor dem Schlafzimmer, drückte die Klinke runter und öffnete die Tür.

Mit dem Lärm schlug mir aus der Dunkelheit wie eine Faust die verbrauchte Luft entgegen. Ein schmaler Streifen Licht fiel durch den Spalt der nachlässig zugezogenen Gardine und erhellte die Frisierkommode und den Sessel, der mit den Klamotten meiner Mutter behängt war. Über dem stummen Diener meines Vaters hingen seine karamellfarbene Strickjacke und eine alte Krawatte, die dort schon so lange baumelte, wie ich denken konnte, und die ich noch nie an ihm gesehen hatte.

Der Lack und die Maserung der Schrankwand aus dunklem Holz schimmerten ebenso wie die trüben Flüssigkeiten in den verstaubten Parfümflakons auf der Frisierkommode.

»Aufstehen!«, schrie ich in den dunklen Raum und wiederholte den Befehl, bis aus den Kissen und Decken endlich ein Arm hochschnellte und von oben senkrecht auf den Wecker hinunterfiel.

In der Stille war nur der Atem meines Vaters zu hören.

»Kurz nach sieben«, rief ich und klapperte mit der Türklinke. »Ich sollte doch Bescheid sagen.«

Das Seufzen meiner Mutter war Ausdruck eines tiefen inneren Zwiespalts. Das Pflichtgefühl kämpfte mit dem Schlafbedürfnis – aber nicht lange.

»Weißt du was?«, sagte sie und versuchte, im Halbschlaf den pragmatischen Ton für die vernünftigen Vorschläge zu finden: »Ich bleibe heute mal liegen.« Halb in den Schlaf zurücksinkend, fügte sie mit ersterbender Stimme hinzu: »Nimm dir Geld aus dem Portemonnaie. Okay? Hast du gehört?«

Die Handtasche hing im Windfang an der Garderobe. Das Portemonnaie darin steckte zwischen Tempotaschentüchern, Behördenbriefen und Kopfschmerztabletten. Es war leer. Die Münzen darin reichten nicht mal für eine Rolle Drops.

Ich schaute in der Küchenschublade: nichts. Das Sparschwein auf dem Gewürzregal war schon lange geplündert. Die letzte Abhebung vom Postsparbuch, 350 Mark, lag Monate zurück. Das Restguthaben betrug weniger als drei Mark.

In der Schule versuchte ich, mich auf den Unterricht zu konzentrieren und Frau Körber zu folgen, die sich anschickte, mit Kaliumpermanganat die Brownsche Bewegung nachzuweisen. Man konnte schon darauf wetten: Bei ihr und bei uns ging immer etwas schief.

Das Bankkonto war gesperrt, wir hatten zu Hause keinen Pfennig mehr, und meine Eltern mussten sich dringend etwas einfallen lassen.

9

Sprudelkiste — caisse à eau gazeuse
Bierschinken — jambon à la bière
Hollywoodschaukel — balançoire hollywoodienne

Der Laden von Frau Petersen lag an der B6 hinter der Unterführung, neben der stillgelegten Mühle. Der Kundenparkplatz, zwei Stellplätze hinter dem Haus, war über die scharfe Kurve zu erreichen, die gleichzeitig die Abbiegespur war. Statt dort vorschriftsmäßig zu parken, machte meine Mutter auf dem Seitenstreifen eine Vollbremsung und hielt auf der gepflasterten Fläche vor der alten Mühle.

»Denk dran«, sagte sie, während wir den leeren Sprudelkasten aus dem Kofferraum wuchteten. »Wir brauchen Kondensmilch.«

Der Platz vor dem Laden war durch einen niedrigen windschiefen Jägerzaun gegen die B6, die Abbiegespur und den Verkehr abgegrenzt. Aus den Rillen zum Abstellen von Fahrrädern sprießten Essigbäume, im Abfallkorb lagen Schnaps- und Bierflaschen, und die beiden Schaufenster rechts und links der Ladentür waren mit Reklameaufstellern für Jägermeister und Asbach Uralt dekoriert.

Die Türglocke, ein Konstrukt aus Glöckchen und

Schnürsenkeln, erzeugte eher ein Klappern als ein Klingeln und war begleitet vom Quietschen alter Scharniere und einem Scheppern, das entstand, wenn man die Tür mit der wackligen Scheibe abschließend mit sanfter Gewalt ins Schloss drückte.

»Hallo!«, rief meine Mutter ins Halbdunkel.

Hinter der Theke erhob sich das wuchtige Büffet mit Körben für Brot und Brötchen und Büchsen mit Mortadella und Bierschinken, schwimmende Batzen, die von Frau Petersen auf Wunsch aus dem Wurstwasser geholt und mit der Maschine in Scheiben geschnitten wurden. Geradeaus war das Knabberzeug aufgebaut, eine wacklige Konstruktion, die nur unvollständig den Blick in einen langen, hohen Gang verstellte, an dem die Lager- und Wohnräume von Frau Petersen lagen. Es roch nach Seife, Staub und etwas, das undefinierbar war und vielleicht aus Ritzen und alten Balken gekrochen kam.

Ich ging nach links in den Selbstbedienungsbereich, ein Rechteck mit rundumlaufenden Regalen für Kondensmilch, Maggi, Fondor, Hundefutter und andere abgepackte Sachen und ein zentraler Tisch für Süßigkeiten auf der einen und Toilettenartikel auf der anderen Seite. Bei jedem Schritt gab das Linoleum nach, die Dielen darunter knarrten und quietschten.

Sobald Frau Petersen meine Mutter durch das Knabberzeug hindurch erspähte, rief sie mit einer Stimme, die irgendwo in der Kehle steckenzubleiben schien: »Frau Hormann!«

In der Begrüßung war gleichzeitig die Feststellung der Anwesenheit und die Frage nach dem ersten Wunsch enthalten – sowie Frau Petersens Bereitschaft, diesen Wunsch sowie alle weiteren einen nach dem anderen abzuarbeiten, wie sie alles in ihrem Leben abgearbeitet hatte. Davon erzählten ihre Oberarme, die nackt und fleischig, von Altersflecken übersät, aus ihrem ärmellosen Kittel herausschauten. Auf der Wange hatte sie ein behaartes Muttermal, und am Hinterkopf trug sie einen Dutt, der wie ein Rollbraten von einem dünnen Netz zusammengehalten wurde.

Zweihundertfünfzig Gramm feine Salami, und das Surren erfüllte den Laden, während Frau Petersen über die Schneidemaschine hinweg berichtete, was ihr heute wieder untergekommen war: Dass es einer Kundin nicht schnell genug gehen konnte, und einen Ton hatte die Frau am Leib, dass man sich nur wundern konnte. Vermutlich war es eine von den »Neuzugezogenen«, was sich aus dem Mund von Frau Petersen so verächtlich anhörte, als handle es sich um eine »Dahergelaufene«. Sie mochte am liebsten die Fernfahrer, die waren höflich und charmant, und dass sie ausblieben, seit es die neue Autobahn gab, war ein Schlag, von dem sie sich – auch finanziell – wohl nicht mehr erholen würde.

Scheibe für Scheibe klatschte auf das Wurstpapier, der Dorn in der Anzeige der Waage schlug aus, und wir verkniffen uns den Kommentar, dass die Verlängerung der A1 nach Cuxhaven für uns ein Segen war. Der Verkehr hinter unserem Grundstück hatte deutlich nachgelassen, und wir mussten uns auf der Terrasse nicht mehr anbrüllen.

Frau Petersen wog ab, packte ein, klapperte auf ihren Latschen hierhin und dorthin und rückte unsere Einkäufe auf der Resopalfläche zurecht, bis das Gespräch verstummte und meine Mutter nachdenklich ihren Blick über Schmelzkäse, löslichen Kaffee, Reis im Kochbeutel, Birnen in der Dose und andere Dinge schweifen ließ.

»Das war's?«, fragte Frau Petersen, und ihre wimpernlosen Augen tränten, als wäre sie die ganze Zeit gegen den Wind gelaufen.

Meine Mutter schaute mich geistesabwesend an, während sie ihre imaginären Listen zu durchforsten schien, und davon gab es einige. Irgendetwas hatte sie vergessen, wahrscheinlich das Wichtigste.

»Zwei Schachteln Reyno, bitte«, sagte sie. »Dann, glaube ich, haben wir alles.«

Frau Petersen langte ins Zigarettenregal, nahm einen der zurechtgeschnittenen, auf der Rückseite bedruckten Zettel vom Stapel und begann, darauf murmelnd die Preise zu notieren, wobei sie bei jedem Posten das Produkt kurz berührte, als würde sie sich von ihm verabschieden. Beim Addieren verfiel sie ins Plattdeutsche, und ihre Stimme bekam diesen schönen Singsang, den sie beim Sprechen nicht hatte und der einem noch stundenlang im Ohr blieb. Sie machte die Probe und sagte, als wäre sie selbst überrascht: »Fünfundsechzig fünfzig.«

Meine Mutter öffnete ihr Portemonnaie, und ich fragte mich, ob sie überhaupt genug Geld dabei hatte, als sie sagte: »Wie war's eigentlich am Sonntag?«

»Ach«, sagte Frau Petersen, um zu überspielen, dass sie kaum noch zu hoffen gewagt hatte, dass der Sonntag noch Thema werden würde. Ihr Blick ging schwärmerisch über den SB-Bereich hinaus und schweifte in die Ferne zu Saucen, Fleisch und Beilagen.

Ich nahm das *Goldene Blatt* aus dem Zeitschriftenregal, um mich durch die europäischen Königshäuser zu blättern, während Frau Petersen aus der Welt von Filet Wellington, Bœuf Stroganoff und Herzoginnenkartoffeln erzählte. Jeden Sonntag wurde sie von Sohn Erwin und Schwiegertochter Heidi ins Auto verfrachtet und zum Mittagessen ins Restaurant kutschiert. Das Einzugsgebiet reichte von Gnarrenburg bis Lesum, von Hüttenbusch bis Rekum und manchmal noch darüber hinaus. Frau Petersen war mit all ihren Vergleichsmöglichkeiten zu einer Expertin geworden, die mit ihrer Expertise für uns ein wichtiger Faktor war, wenn wir überlegten, wohin wir zum Essen gehen könnten und vielleicht mal etwas Neues ausprobieren wollten.

Trotzdem reichte meine Fantasie nicht aus, um sie mir statt im ärmellosen Kittel in seidener Bluse mit Damastserviette auf dem Schoß und Kellnern vorzustellen, die um sie herumscharwenzelten, und es erschien mir rätselhaft, dass sie nie, an keinem einzigen Sonntag, bei ihrem Erwin und der Schwiegertochter Heidi in deren Refugium nebenan zu Gast war, im Haus hinter den hohen Tannen, mit denen sie sich gegen Frau Petersen, ihren Laden und die stillgelegte Mühle abschirmten.

Von Heidi kannte ich nur ihre Vorliebe für Tafelspitz und Schnecken und das goldene Schild an der Pforte bei den PKW-Stellplätzen, das verriet, dass sie Steuerberaterin war und Termine nach telefonischer Vereinbarung machte. Persönlich hatte ich Heidi nie zu Gesicht bekommen, während Erwin manchmal zu sehen war, wenn er am späten Nachmittag aus seinem R16 stieg und bei laufendem Motor die Pforte öffnete. Sein rundes Gesicht erinnerte in seiner Kontur- und Farblosigkeit an einen Teller Milupa-Kinderbrei, in dem die Augen wie kleine Knöpfe versanken, wenn er lächelte, während er meiner Mutter wortlos half, die Sprudelkiste ins Auto zu heben.

Wie es bei Erwin und Heidi hinter dem Schutzwall aus Tannen, Pforte und Zaun aussah, ließ sich nur für Sekunden durch einen Blick erhaschen, wenn wir am Laden vorbei den Zubringer zur Betonstraße hochfuhren und rechts abbogen, Richtung Kreisstadt. Dann sah man für wenige Sekunden aus der Vogelperspektive ein sauberes, gelb verklinkertes Haus mit blickdichten Gardinen, orangefarbener Markise und Hollywoodschaukel auf der Terrasse – eine Insel der Ordnung, wie aus dem Prospekt für Gartenmöbel, umgeben von Straßen, Abbiegespuren und tosendem Verkehr.

»›Patentkrug‹«, sagte meine Mutter. »Interessant.«

»Nicht zu verwechseln mit dem ›Heidekrug‹«, mahnte Frau Petersen. »Der Sauerbraten ist auf jeden Fall sein Geld wert.«

»Abgesehen vom Sauerbraten« – meine Mutter ließ nicht locker – »wo ist die Küche besser: im ›Patentkrug‹ oder im ›Heidekrug‹?«

Frau Petersen schaute nachdenklich über die Asbach-Uralt-Reklame hinaus in den trüben Nachmittag. Das Ticken der Uhr mit dem Edeka-Logo über der Tür war in der Stille zu hören, und plötzlich wurde mir klar, was meine Mutter tat: Sie lotete hier die Möglichkeiten für mein Konfirmationsessen aus. Ich hatte den festlichen Höhepunkt für meinen großen Tag schon fast abgeschrieben, nachdem klar gesagt worden war, dass das ›Worpsweder Landhaus‹, in dem wir im Jahr zuvor noch die Konfirmation von Corinna gefeiert hatten, unsere derzeitigen finanziellen Möglichkeiten überstieg – selbst wenn wir die Teilnehmerzahl auf das Allernötigste begrenzten.

»Im ›Patentkrug‹«, sagte Frau Petersen mit einem verklärten Gesichtsausdruck, lauschte ihren eigenen Worten hinterher und nickte dann noch einmal bekräftigend. Als wäre die Begründung gar nicht in Worte zu fassen, hob sie die Hände: »Die Rotweinsauce! Wissen Sie? Zum Rinderbraten – die ist einfach ein Gedicht.«

»Wenn es Ihnen nichts ausmacht, Frau Petersen«, sagte meine Mutter und steckte das Portemonnaie wieder ein, »zahle ich beim nächsten Mal. Einverstanden?«

10

Marlene und Ingeborg sind sechs und acht Jahre alt, als sie ein Jahr nach Kriegsende in Bremen ankommen. Riesige Schuttberge säumen die Straßen, und in den Himmel ragen nackte Häuserwände, an denen Tapeten und Fliesen von Wohnungen kleben, die es nicht mehr gibt.

Die Mutter ist erschöpft, pessimistisch und aufbrausend, während der Vater sich optimistisch gibt und erzählt, er kenne Leute in Bremen, habe Freunde und alte Kollegen, die ihnen helfen würden, dass jetzt alles gut wird. Er ist für Marlene und Ingeborg nicht mehr der fremde Mann, der kam, um sie wegzuholen von den Bergen, den braunen Kühen und Wiesen, auf denen sie den ganzen Tag spielen konnten, während die Mutter auf dem Feld arbeitete.

Sie bewohnen in Bremen zu viert ein Zimmer in einem Bürgerhaus im Steintorviertel, Außer der Schleifmühle. Der Vater hat den Raum mit alten Militärdecken in eine Zweizimmerwohnung verwandelt. Es gibt einen Waschzuber und ein Klo auf dem Gang, das sie sich mit den Menschen in den anderen Zimmern teilen. Kohlen sind knapp, der Raum mit der hohen Decke ist im Winter schwer zu beheizen, das Wasser im Zuber morgens gefroren, und das alte Parkett knackt bei jedem Schritt, als ginge man über eine vereiste Fläche.

Der Vater verschwindet morgens zur Arbeit, und wenn er abends zurückkommt und Marlene und Ingeborg in seine Taschen gucken dürfen, hat er eine Überraschung dabei: Datteln, Feigen, Schokolade – und eines Abends einen Hund mit Schlappohren, feuchter Nase, glänzenden Augen und einem Schwänzchen, das zu wedeln beginnt, als Marlene und Ingeborg ihre Hände nach dem Welpen ausstrecken.

Der Vater hat den Dackel – wie auch all die anderen Wohltaten – von Leuten bekommen, die zu ihm aufs Wohnungsamt kommen und ein Dach über dem Kopf suchen. »Haben Sie Kinder?«, hat einer gefragt, und er hat »Ja« geantwortet.

Die Mutter ordnet an, dass der Dackel auf der Stelle zu verschwinden hat. Ein Hund sei das Letzte, was sie gebrauchen könne. Sie lässt sich nicht erweichen und schimpft den Vater einen Kindskopf, der nichts Besseres zu tun hat, als den Mädchen Flausen in den Kopf zu setzen.

Marlene und Ingeborg ziehen ihre besten Sachen an und gehen mit den Eltern in die Knochenhauerstraße zum Fotografen. Ingeborg ähnelt mit ihren blonden Haaren und den blauen Augen der Mutter, während Marlene mit ihren schwarzen Haaren und den braungrünen Augen nach dem Vater kommt.

Als der Fotograf auf den Auslöser drückt, lächelt Marlene schüchtern, Ingeborg guckt vernünftig, während die Mutter versucht, mit ernster Miene so etwas wie Milde und gleichzeitig Liebreiz zu verströmen, und der Vater ironisch eine Augenbraue hochzieht, als würde er über etwas hinweglächeln, einen Schmerz oder die Ahnung, dass das erste gemeinsame Familienfoto vermutlich auch das letzte sein wird.

Ein Jahr später ist er tot, seinem Krebsleiden erlegen. Marlene ist acht Jahre alt, Ingeborg zehn, die Mutter vierundvierzig. Für einen Grabstein ist kein Geld da, aber ein Kollege des Vaters, Herr Zander, kommt zur Beerdigung. Er hat dem verstorbenen Vater versprochen, der Familie zu helfen, und verschafft der Mutter eine Halbtagsstelle als Buchhalterin bei einer Versicherung.

Sie führt wieder Buch über ihre Einnahmen und Ausgaben und sagt mit einem unheilvollen Zittern in der Stimme, sie verdiene zum Leben zu wenig und zum Sterben zu viel – und müsse dafür noch dankbar sein. Ihre Trauer verkehrt sich oft in Gram und manchmal auch in Wut auf den Vater, für den sie vor dem Krieg alles aufgab und der sich in zehn Ehejahren nun schon zum zweiten Mal – und jetzt für immer – aus dem Staub gemacht hat.

Marlene und Ingeborg versuchen, alles richtig zu machen und der Mutter keinen zusätzlichen Kummer zu bereiten. Sie erledigen nach Schulschluss, bevor die Mutter am Nachmittag von der Arbeit kommt, ihre Schulaufgaben und Pflichten im Haushalt, und wenn sie sonntags bei Herrn Zander und seiner Frau in der Alwinenstraße zum Rommé-spielen eingeladen sind, versuchen sie, wie die Mutter es ihnen eingeschärft hat, sich nicht die ganze Zeit wie halb verhungerte Kinder mit Keksen vollzustopfen.

Sie spielen mit anderen Kindern in den Ruinen und umringen amerikanische Soldaten, die Kaugummi und Schokolade verschenken. Sie turnen im dritten Stock am offenen Fenster, lassen aus der Kaffeekanne Wasser auf die Passanten regnen und klettern auf den Schrank vor der Schiebetür zum Nachbarzimmer, wo das Fräulein Bach wohnt und einen Mann empfängt, dessen Hautfarbe am nackten Hintern genauso schwarz ist wie überall sonst.

Fräulein Bach springt aus dem Fenster und ist tot, und Frau Storch, die Nachbarin aus dem ersten Stock, sagt, sie habe wohl einen Braten in der Röhre gehabt.

Die Mutter warnt ihre Mädchen: So etwas kommt davon, wenn man sich mit Männern einlässt.

Marlene wechselt aufs Kippenberg-Gymnasium und gehört, wie schon in der Volksschule, wieder zu den Klassenbesten. Das Lernen fällt ihr leicht, Schulaufgaben erledigt sie im Handumdrehen, aber die Hausarbeit ödet sie an. Bei Ingeborg, der großen Schwester, ist es umgekehrt: Das Lernen und Stillsitzen ist für sie eine Qual, aber die Hausarbeit geht ihr so leicht von der Hand, dass sie gerne die Groschen nimmt, die Marlene von ihrem Taschengeld opfert, damit die Schwester für sie das verhasste Bohnern übernimmt. Ingeborg putzt, und Marlene liest auf dem Sofa und taucht ab in den Geschichten von Anna Karenina, Madame Bovary und den Brüdern Karamasow; Ingeborg spart, und Marlene ist für den Rest des Monats pleite.

Die Bücher leiht ihr Frau Storch aus dem ersten Stock und erzählt, dass in der Wohnung, in der Marlene, Ingeborg und ihre Mutter ein Zimmer haben, früher die Familie Rosenfeld gewohnt hat und dass Esther, das Mädchen, das ungefähr so alt war wie Marlene und Ingeborg, auch so gerne gelesen hat. Wo die Familie und das Mädchen abgeblieben sind, weiß Frau Storch nicht. Sie sind weggegangen, sagt sie, und nie wieder zurückgekommen.

Ingeborg wird Lehrmädchen im Kaufhaus Bauermann in der Obernstraße, Abteilung Damenkonfektion, räumt Kleider weg, reicht den Änderungsschneiderinnen beim Abstecken die Nadeln an und lernt, die weibliche Kundschaft mit »gnädige Frau« anzusprechen. Mit ihrem Lehrlingsgehalt leistet sie einen wichtigen Beitrag zum Familieneinkommen, während Marlene auf dem Kippenberg-Gymnasium Englisch und Französisch lernt und davon träumt, eines Tages zu studieren, am liebsten Chemie.

Ingeborg bewundert ihre Schwester und staunt immer wieder, wie klug Marlene ist, aber die Mutter spricht von einem Floh, den ihr wohl die Freundinnen auf dem Kippenberg-Gymnasium ins Ohr gesetzt haben, die Töchter aus den besseren Familien an der Parkallee, die von Rechenbergs und wie sie alle heißen. Trotz des Lehrlingsgelds von Ingeborg reicht es vorne und hinten nicht, und die hochfliegenden Pläne von Marlene leuchten ihr nicht ein. Was wäre denn nach drei weiteren Jahren auf der Schule gewonnen? Marlene würde ja doch irgendwann heiraten und Kinder bekommen, und Geld für ein Studium sei sowieso nicht vorhanden. Marlene soll aufhören, Luftschlösser zu bauen. Sie soll sich bescheiden, Ruhe geben, sich mit der Realität abfinden und dann endlich selbst anfangen, Geld zu verdienen und ihren Beitrag zu leisten.

Die Mutter sitzt Abend für Abend über ihrem Haushaltsbuch und wird von der Direktorin des Kippenberg-Gymnasiums zum Gespräch bestellt. Sie sieht keinen Sinn darin hinzugehen, wagt aber nicht, den Termin abzusagen. Was zwischen der Direktorin und der Mutter gesprochen wird, erfährt Marlene nicht. Aber sie darf nun nach der

Mittleren Reife noch ein weiteres Jahr auf die Höhere Handelsschule gehen, wo sie vorbereitend Schreibmaschineschreiben, Stenografie und Rechnungswesen lernt, um danach Buchhalterin zu werden.

Die amerikanische Filmschauspielerin Grace Kelly heiratet in Monaco Fürst Rainier, und Marlene beginnt nach der Höheren Handelsschule eine Ausbildung an der Baumwollbörse. Mit sechzehn Jahren ist sie in der Buchhaltung die Jüngste. Sie wird »Fräulein Wiese« gerufen, trägt am Ringfinger den Onyx, den die Zanders ihr zur Konfirmation geschenkt haben, und Schuhe mit hohem Absatz, die sie »Kackstelzen« nennt.

11

Puppe auf dem Klo — poupée sur les toilettes
Marmorkuchen mit künstlerischem Muster — gâteau marbré
avec motif artistique
Kamin ohne Feuer — cheminée sans feu

Ich stand am Fenster und sah, wie sich zwischen Birken und Rhododendren etwas Beigefarbenes näherte. Es war eine Motorhaube, die sich hob und senkte. Das Taxi mit Bremer Kennzeichen schob sich im Schritttempo von Schlagloch zu Schlagloch über unseren Sandweg.

»Sie kommt«, sagte ich.

»Jetzt schon?«, kam es von meiner Mutter, die auf der Suche nach rosafarbenen Servietten, passend zum Rosenmuster vom Rosenthal-Kaffeegeschirr, hektisch die Schubladen im Wohnzimmerschrank durchwühlte.

Mein Vater lag mit geschlossenen Augen auf dem Sofa und tat, als hätte er nichts gehört. Boris klappte den *Stern* zu, streckte sich und gähnte, und Angela ging, gefolgt von Corinna, zur Haustür. Das Taxi stoppte. Wir nahmen mit meiner Mutter Aufstellung, während mein Vater, etwas gebückt, mit eingezogenem Kopf, in Pantoffeln, als Letzter an der Pforte eintrudelte.

Der Dieselmotor vom Taxi war aus, aber nichts geschah. In den Scheiben spiegelten sich die Bäume, und dahinter war zu sehen, dass langsam Bewegung in die Sache kam.

Die Fahrertür ging auf. Herr Scheuermann stieg aus, grüßte herüber und ging ums Auto herum. Sein gestreiftes Hemd, das sich vorne stramm um seinen Bierbauch schmiegte, hing ihm hinten aus der Hose. Seine Gesichtsfarbe changierte zwischen Rosarot und Bläulich, während der Blick aus seinen verquollenen Augen wässrig und unklar war.

Er öffnete die Beifahrertür und wartete, dass die Person auf dem Sitz sich sortierte, nahm schließlich eine fliederfarbene Häkeldecke entgegen, die mit den Lurexfäden im Tageslicht schimmerte, als wäre sie mit winzigen Diamanten übersät. Dann kam eine Handtasche mit Hornverschluss und Gobelinmuster zum Vorschein. Herr Scheuermann nahm auch diese entgegen, trat respektvoll einen Schritt zurück und machte Platz für meinen Vater.

Anders als Herr Scheuermann, der genau wusste, was er tat, war mein Vater ein wenig nervös, nicht unbedingt fahrig, aber auf dem Sprung, auf alles gefasst, und gleichzeitig wusste er bei dem, was da auf ihn zukam, nicht so recht, wo er ansetzen sollte.

Der Krückstock erschien zuerst, wurde auf die Erde gesetzt und hinterließ einen Abdruck im Sand. Dann erschien eine weiche, von Altersflecken übersäte Hand mit Fingern, an denen zwei goldene Eheringe und ein blassblauer Stein steckten. Die Hand umklammerte den silbernen Knauf am Krückstock. Zwei Schnallenschuhe kamen zum Vorschein, geschwollene Beine, ein lindgrüner Rock und Arme, die sich hilfesuchend meinem Vater entgegenstreckten.

»Siegfried!«, stieß Oma Henriette gepresst und atemlos, mit mädchenhafter Stimme hervor und versuchte, so viel Kraft und Emotionen in ihre Stimme zu legen, dass sie zitterte. Es war schwer zu erkennen, ob ihre Gesichtszüge von einem Lächeln verzerrt waren oder durch die Anstrengung, die ihr das Aussteigen bereitete.

»Mutti!«, sagte mein Vater, eher überrascht als erfreut und auch ein wenig überrumpelt, als hätte er so plötzlich nicht mit Oma Henriette gerechnet.

Was jetzt begann, war ein Tauziehen: Oma Henriette wollte meinen Vater zu sich herunterziehen, begrüßen und herzen – und erst dann aussteigen. Mein Vater dagegen wollte sie erst einmal aus dem Auto holen, auf die Beine stellen und dann die Begrüßung machen. Oma Henriette fehlte die Kraft, meinem Vater die Entschlossenheit, und die Umarmung geriet zur Umklammerung, begleitet von Oma Henriettes Lachen, einem stoßartigen Glucksen, das Ausdruck ihrer Wiedersehensfreude war und gleichzeitig ihr Kommentar zu der etwas absurden Situation und dem Unvermögen meines Vaters. All das nahm ihr den Atem, der ohnehin nicht mehr im Überfluss vorhanden war.

Die Sache endete schließlich mit einem Kuss, den sie meinem Vater entschlossen auf die Wange drückte.

Dann waren wir dran, traten nacheinander vor, von Oma Henriette namentlich benannt, und begrüßten sie mit einer Umarmung und Kuss. Ihr Gesicht fühlte sich bei der Berührung überraschend zart und nachgiebig an, und für einen Moment war ich versucht, meine Wange noch ein wenig länger an ihre zu schmiegen, dabei den Duft ihres Parfüms zu riechen, der entfernt an Rosen erinnerte.

Der Duft verflog, die Begrüßung war beendet, und Herr Scheuermann wurde von Oma Henriette mit einer Handbewegung und in überraschend energischem Ton gebeten, pünktlich um achtzehn Uhr wieder vorzufahren.

Der Weg von der Pforte zur Haustür und weiter an die Kaffeetafel, mit einem Zwischenstopp im Flur vor dem Spiegel, dauerte eine Ewigkeit und wurde von Oma Henriette benutzt, um am Arm meines Vaters die Blumen in den Beeten zu würdigen, dabei das Bild einer innigen Mutter-Sohn-Beziehung heraufzubeschwören und zu berichten, was für eine zuverlässige Person ihr Fahrer, Herr Scheuermann, doch sei. Ein Anruf, und er war zur Stelle, um sie zum Arzt oder zum Frisör zu kutschieren oder auch einfach nur Aufträge zu erledigen, was er Leerfahrten nannte: Sachen aus der Reinigung abholen oder – wenn Oma Henriette der Sinn danach stand – geräucherte Forellenfilets mit Meerrettichsahne aus dem Delikatessengeschäft an der Martinistraße besorgen.

Zum Glück musste Oma Henriette diese Fahrten kreuz und quer durch die Stadt nicht aus eigener Tasche bezahlen, sondern konnte sie auf Kosten der Steuerzahler mit einem der Taxischeine begleichen, die sie als Witwe eines Polizeibeamten, der bis 1945 im Staatsdienst gestanden hatte, im Monatsrhythmus vom Land Bremen zugeteilt bekam.

»Das steht mir zu«, sagte sie in einem Ton, der keinen Widerspruch duldete. Wie ihr auch der Kuraufenthalt in Extertal zustand, der Rollstuhl für die Reise nach Amerika und die Vorzugsbehandlung, die ihr die Lufthansa wegen ihrer Gebrechlichkeit beim Ein-, Aus- und Umsteigen zukommen ließ.

Oma Henriette ließ sich am Kopf der Kaffeetafel nieder, auf dem Platz meines Vaters, verlangte nach ihrer Decke, um sie sich über ihren Rock und die geschwollenen Knie zu legen, und ließ sich die Handtasche reichen.

Während sie ihre Brille mit den dicken Gläsern absetzte und eine andere Brille mit ebenso dicken Gläsern aufsetzte, klagte sie über ihre Haushälterin, Frau Mittenzwey, die immer noch nicht in der Lage war, mit dem Toaster umzugehen, und Kaffee kochte, der nicht mal als Tee durchging. Die Mittenzwey konnte ihrer Vorgängerin in keinem ihrer Aufgabenbereiche auch nur ansatzweise das Wasser reichen, der guten Frau Schulz, die trotz ihrer Körperfülle unglaublich flink gewesen war und nicht so ungeschickt herumfuhrwerkte wie die Mittenzwey, dass man ständig Angst um Porzellan, Gläser und die wertvollen Hummelfiguren haben musste. Allein die Kohlrouladen von Frau Schulz und ihre gefüllten Paprikaschoten waren ein einziges deftiges Gedicht gewesen.

Von den Erinnerungen übermannt, verstummte Oma Henriette. Dass Frau Schulz sich entschlossen hatte kürzerzutreten und tatsächlich zum Jahresende gekündigt hatte, war ein Schlag, der für Oma Henriette möglicherweise schwerer zu verkraften war als der Tod von Opa Karl vor zwölf Jahren.

Dabei hatte sich ihr Bild vom verstorbenen Ehemann schon verklärt. Nahezu biblisch war die Szene, die sie in schöner Regelmäßigkeit zum Besten gab, auch als Beweis für die tiefe Verbundenheit, die es eben doch zwischen ihr und Opa Karl gegeben und die sie intensiv gespürt hatte, als sie damals allein bei ihm an der Totenbahre saß, viele Stunden lang, und er so friedlich dalag, die Hände gefaltet, die Augen geschlossen, und eine Ruhe und Besonnenheit ausstrahlte, die auf sie überging. Da hatte sie plötzlich angefangen, mit ihm Zwiesprache zu halten, und er hatte, ob er wollte oder nicht, zuhören müssen, und prompt hatten sie sich nach über fünfzig gemeinsamen Jahren zum ersten Mal vernünftig und ohne Groll unterhalten und richtig gut verstanden.

Viel hatte er ja nie geredet, auch nicht vor dem Krieg, danach noch weniger, und dann war er nahezu vollständig verstummt. Das musste nach dem Schlaganfall gewesen sein, den vielen kleineren, die er gar nicht bemerkt hatte, und dem einen großen, der ihn dauerhaft lähmte und zum Pflegefall machte. Da war er dann nur noch der alte, in sich zusammengesunkene Mann gewesen, der hauptsächlich aus Glatze und Brille bestand und sich – wenn überhaupt – nur im Zeitlupentempo bewegte und sich genauso schwer artikulierte. Es war kaum vorstellbar, dass dieser Mann, den wir an Ostern, Pfingsten und Weihnachten in seinem Sessel begrüßen und verabschieden mussten, früher an der Gartenpforte gestanden haben sollte, Leute erkannte und mit ihnen Schwätzchen hielt.

Der Anbau an seinem Haus, in den er verfrachtet wurde, war auf Wunsch und Initiative von Oma Henriette zustande gekommen und zu einem Zeitpunkt errichtet worden, als der zusätzliche Platz eigentlich gar nicht mehr gebraucht wurde. All die Geflüchteten und hilfsbedürftigen Menschen, die das Haus nach dem Krieg bevölkert hatten, waren schon lange verschwunden, und auch mein Vater und seine vier Geschwister waren längst aus dem Haus, in die

Umgebung gezogen oder nach Süddeutschland und Nordamerika, hatten geheiratet und eigene Familien gegründet. Der Anbau war immer fußkalt, im Winter kaum warm zu kriegen und so ungemütlich, dass niemand auf die Idee kam, von einem Zimmer oder gar einer Wohnstube zu sprechen. Es war immer »der Anbau«.

Trotzdem hatte Opa Karl hier alles, was er brauchte: ein Bett, einen Sessel und ein Fenster, durch das er in den Garten auf die Obstbäume und den Schuppen gucken konnte, in dem er nach dem Krieg, als es sich mit seinem Beruf als Polizist erledigt hatte, einen Frisörsalon einrichtete. Die Pflegerin gelangte durch einen separaten Eingang zu ihm und führte all die Arbeiten aus, bei denen Oma Henriette sich außerstande sah, sie zu übernehmen.

Es gab Stunden, da konnte man beinahe vergessen, dass es den alten Mann da hinten im Anbau noch gab.

Oma Henriette lobte den Frankfurter Kranz und würdigte das Muster im Marmorkuchen als etwas geradezu Künstlerisches, was meine Mutter schmallippig mit einem »Danke« quittierte.

Die Kaffeetafel wurde aufgehoben. Oma Henriette kraxelte am Arm meines Vaters die drei Stufen ins Wohnzimmer hinunter und ließ sich, assistiert von Boris, um die Ecke im Kaminzimmer im Sessel nieder, in dem sie bequemer saß und nicht so tief einsank wie in der Polstergarnitur im Wohnzimmer. Während sie in ihrer Handtasche kramte, erzählte sie von ihrem Liebling, der Studentin aus Vietnam, die ihr seit geraumer Zeit am Nachmittag Gesellschaft leistete, wenn die Mittenzwey gegangen war.

So demütig sei das Mädchen, wie es sich ihr zu Füßen setzte, berichtete Oma Henriette mit zittriger Stimme, während wir uns ihr gegenüber in den zwei- und dreisitzigen Sofas fläzten und uns vorstellten, wie die vietnamesische Studentin da wohl bei Oma Henriette saß, eingezwängt zwischen Couch und Servierwagen, sich die alten Geschichten anhören und womöglich noch Nana Mouskouri auflegen musste.

Oma Henriette hatte in ihrer Tasche gefunden, was sie suchte, und überreichte uns eines von den kleinen Büchern, wie sie sie gerne zu allen möglichen Gelegenheiten verschenkte, ein schmales Bändchen mit trüben Abbildungen und großgedruckten Sätzen, Aphorismen, von denen sie sich wünschte, dass wir sie uns einmal zu Gemüte führten und uns unsere Gedanken dazu machten.

Auf der ersten Seite stand: »*Was sich alles entpuppen kann: ein Schurke und ein Schmetterling.*«

»Danke«, sagten wir und legten das Buch auf den flachen Tisch, wo es bald unter dem *Stern*, dem *Neuen Blatt* und der *Hörzu* untergehen und verschwinden würde.

Als Beigabe gab es neue Blumen, mit denen Oma Henriette ihre Präsente zu schmücken pflegte, künstliche Gebilde aus silbernem Draht, überzogen mit farbigen Nylons. In der Mitte, zwischen den Blättern aus Strumpfhose, steckte ein künstlicher Blütenkelch, und unten war das Ganze mit grünem Klebeband zu einem biegsamen Stiel zusammengebunden. Trotz Gelenkschmerzen und starker Weitsichtigkeit fertigte Oma Henriette die Strumpfhosenblumen eigenhändig in unglaublich hoher Stückzahl und brachte sie in immer neuen Farben, Formen und Größen unter die

Leute, seit sich abgezeichnet hatte, dass es keinen Sinn mehr ergab, weiter Kleider für die Puppen zu häkeln, unter denen sich eine Rolle Klopapier verstecken ließ. Es gab in der näheren und weiteren Verwandtschaft wohl keinen Spülkasten mehr, auf dem nicht eine dieser Puppen im Reifrock mit starrem Blick über das große und kleine Geschäft wachte. Auch bei uns im Gäste-WC stand so eine, während die Klopapierpuppe fürs Elternbadezimmer spurlos verschwunden war.

»Das sehe ich nicht so«, sagte mein Vater und betrachtete seine Fingernägel. »Tut mir leid, Mutti. Das stimmt so nicht.«

»Du warst von allen der Sensibelste«, sagte Oma Henriette und ignorierte den Einwand meines Vaters. »Und hast so schöne Gedichte geschrieben.«

»Wir waren uns nach dem Krieg alle fremd, und von einem Familienleben konnte keine Rede sein«, antwortete mein Vater. »Nimm Vati. Er war ein Wrack, als er seinerzeit aus dem Internierungslager kam, und du warst froh, wenn du aus dem Haus konntest.«

»Ich habe das Geld verdient«, trompete Oma Henriette. »Was Vati mit seinem sogenannten Frisörsalon erwirtschaftet hat, hätte vorne und hinten nicht gereicht. Und Frau Voss war regelmäßig da. Für euch war immer gesorgt.«

»Klar«, sagte mein Vater, lehnte sich zurück, sodass er eine beinahe liegende Position einnahm, schlug ein Bein über das andere, aber bevor er weiterreden und möglicherweise in Fahrt kommen konnte, legte meine Mutter beschwichtigend ihre Hand auf sein Knie und sagte, sie würde jetzt mal die Küche aufräumen. Stand auf, nahm ihre Zigaretten und verzog sich.

Angela und Corinna folgten ihr – nicht gleichzeitig, sondern nacheinander, mit einem kleinen zeitlichen Abstand, sodass im Sofa nicht gleich alle Lücken auffielen. Boris hatte sich schon zu Beginn der Unterhaltung ins Wohnzimmer rübergesetzt und las die Reclam-Ausgabe von *Romeo und Julia auf dem Dorfe.*

Mein Vater schaute mit starrem Blick auf die Holzscheite im Kamin, die so übereinandergeschichtet waren, dass man sie nur noch hätte anzünden müssen, und Oma Henriette strich unruhig mit ihrer Hand über die Sessellehne. Beide dachten jetzt vielleicht zurück an den Krieg, an Thüringen, die Rothenburg und die nächtliche Flucht auf dem Anhänger durch den Wald. An die Schüsse der vorrückenden sowjetischen Armee, überfüllte Bahnstationen und Züge.

»Ich habe alles richtig gemacht!«, sagte Oma Henriette in einem Ton, als würde sie das Grundgesetz verkünden. Und bevor mein Vater oder ihre innere Stimme etwas anderes behaupten konnte, rief sie: »Und er da oben, der Herrgott, weiß, dass ich recht habe und dass ich immer nur das Beste wollte – für euch alle.«

12

Henriette wird zur Kaiserzeit in Bremen geboren, wächst im Arbeiterbezirk Walle auf und ist von acht Kindern die Zweitälteste. Sieben Mal muss die Mutter niederkommen, sieben Mal kommt ein Mädchen zur Welt – bis es beim achten Mal vollbracht ist: Ein Junge ist da und der Wunsch des Vaters nach einem Stammhalter befriedigt. Ein neuntes Kind weiß Henriettes Mutter zu verhindern.

Der Vater fährt als Ingenieur zur See, arbeitet unter Deck im Maschinenraum großer Schiffe und ist einen Großteil des Jahres abwesend. Das sind die guten Monate. Die schlechten brechen an, wenn er zu Hause ist und alle zu parieren haben. Der Geruch seiner Zigarre, der braune, dicke Stumpen, der ihm wie ein übelriechendes Organ zwischen den Lippen steckt, nimmt Henriette schon im Treppenhaus den Atem.

Sie weiß nie, wann es wieder so weit ist, ob mitten in der Nacht, am frühen Morgen oder zwischendurch am Tage und wen von beiden er dann zu sich rufen oder besuchen wird: sie oder ihre ältere Schwester. Wenn er die Tür hinter sich schließt oder sie die Tür hinter sich zu schließen hat, muss sie tun, was er sagt – bis er sich die Hose wieder zuknöpft, seine Hosenträger zurechtzieht und sie gehen kann oder er verschwindet.

Sie schließt sich der Wandervogelbewegung an. Mit dem *Zupfgeigenhansel* im Rucksack und der Mundharmonika in der freien Natur unterwegs, in der Lüneburger Heide, im Harz oder im Weserbergland, in der Gemeinschaft singend und marschierend, fühlt Henriette als junge Frau etwas, was sie als Kind vorher nie empfunden hat: eine Freiheit und Unbeschwertheit, fast so etwas wie Glück.

Der Vater bringt aus der Eckkneipe einen Mann mit nach Hause. Hans-Hermann ist der Sohn eines Buchhändlers und hat seine Ausbildung zum Elektriker abbrechen müssen, als der Erste Weltkrieg ausbrach. Er hat für ein Vaterland gekämpft, das es nun nicht mehr gibt, und sein Leben für eine Ordnung riskiert, die von den Sozis einfach so hinweggefegt wurde. Ohne Abschluss und ohne Beruf schlägt Hans-Hermann sich als Hilfsarbeiter auf der AG Weser durch oder schlachtet auf einer Geflügelfarm Hühner und Gänse. Der Vater hält ihn für einen Mann mit Potenzial und einer Gesinnung und Grundsätzen, die mit seinen übereinstimmen und die er sich auch für seinen Sohn wünscht. Und er findet, dass Hans-Hermann dringend eine Frau braucht und heiraten sollte und dass nicht Henriette, sondern ihre ältere Schwester die Richtige für ihn ist.

Sonntags, am Familienesstisch, hört Henriette, wie Hans-Hermann die Niederlage im Ersten Weltkrieg beklagt und gegen die Kommunisten, den Erzfeind Frankreich und den Rest der Welt wettert, der sich gegen Deutschland verschworen hat. Sie ist voller Bewunderung. Hans-Hermann hat alles fürs Vaterland gegeben und alles verloren: seine Jugend, seine Ausbildung, seinen Beruf – und trotzdem ist er voller Tatendrang. Er betrachtet den Zusammenbruch und die Niederlage als Chance für etwas Neues, das großartiger sein wird als alles, was bisher da gewesen ist.

Seine Werte und Ziele erinnern Henriette an das Lebensgefühl, das sie aus der Wandervogelbewegung kennt. Auch Henriette ist durchdrungen vom Wunsch, auserkoren zu sein und Großes zu vollbringen, und bereit, sich einer höheren Sache anzuschließen, die auch ihrem Leben einen größeren Rahmen und tieferen Sinn geben würde als ein Dasein als Stenotypistin. Wie Hans-Hermann die Dinge beim Namen nennt und hehre Ziele formuliert, die auch ihre sind, sieht sie in ihm ein Vorbild und einen Führer, dem sie bereit ist zu folgen. Dass er ihrer Schwester versprochen ist und er für sie als Frau auch gar keine Augen hat, ist für sie keine Kränkung und kein Nachteil – im Gegenteil: So kann sie ihn gefahrlos anhimmeln und sich in vollen Zügen ihrer Schwärmerei hingeben. Zumal der Vater für sie schon einen anderen Mann ins Auge gefasst hat.

Karl ist fünf Jahre jünger als Hans-Hermann, Sohn eines Schuhmachers und einer Dienstmagd und aufgewachsen im niedersächsischen Schöningen, wo er eine Ausbildung zum Frisör absolviert hat. Nachdem er einige Jahre als Gehilfe im Herrensalon gearbeitet hat, entschließt er sich, von einer Aufbruchstimmung und dem Glauben erfasst, dass die Welt da draußen noch mehr für ihn bereithält, zu einem Schritt, den in der Familie vor ihm noch niemand gewagt hat. Er bewirbt sich bei der Schutzpolizei, auch wenn seine Mutter sagt, er sei zu schmächtig, um Verbrecher zu fangen, und was er denn tun wolle, wenn er in eine brenzlige Situation komme. Zwischen den Beinen seines Widersachers hindurchschlüpfen?

Karl verspricht, genau das zu tun, als er nicht im nahe gelegenen Braunschweig und auch nicht in Hannover, sondern im entfernteren Bremen angenommen wird, dort erfolgreich die Prüfung ablegt und Anfang der Zwanzigerjahre zum Hilfspolizisten ernannt wird.

Anders als Hans-Hermann ist er kein Mann, der große Reden schwingt, auf ein Parteibuch schwört oder eine herausragende Stellung anstrebt. Sein Vater hat ihn gelehrt, die Sache, die er gelernt hat, ordentlich zu tun, Autoritäten nicht zu fürchten und beim Schuhwerk darauf zu achten, dass die Absätze ordentlich aussehen und nicht schief abgetreten sind. Nach Karls Auffassung hat er bereits viel in seinem Leben erreicht, vielleicht mehr, als er jemals für möglich gehalten hätte. Alles Weitere lässt er auf sich zukommen.

Karl scheint ein Gemütsmensch zu sein, raucht keine Zigarre und flößt Henriette keine Angst ein. Der Rest, denkt sie, wird sich schon noch ergeben. Sie fügt sich in das Schicksal, in das sie sich als Frau früher oder später ohnehin zu fügen hätte, und nimmt seinen Antrag an.

Sie heiraten in Bremen, kurz nachdem die Verlobung von Henriettes Schwester mit Hans-Hermann überraschend gelöst und die Hochzeit wieder abgesagt wird. Was der Grund dafür ist, dass die Ehe nicht vollzogen wurde, wird nicht gesagt oder nicht offen ausgesprochen.

Henriette bringt in Zweijahresabständen ein Mädchen, einen Jungen und noch ein Mädchen zur Welt und lässt auch als Mutter und verheiratete Frau den Kontakt zu Hans-Hermann nicht abbrechen. Voller Bewunderung verfolgt sie, wie er sich in der Arbeitslosigkeit, in Zeiten von Inflation und Wirtschaftskrise nicht hängen lässt, sondern – im

Gegenteil – unbeirrt seinen Weg nach vorne sucht und sein Auftreten in SA-Uniform männlicher und selbstsicherer wird. Es überrascht sie nicht, sondern bestätigt all ihre Erwartungen, als der ehemalige Hilfsarbeiter, der einst auf der AG Weser und der Geflügelfarm geschuftet hat, 1933 für die NSDAP in die Bremische Bürgerschaft einzieht und dort zum Senator gewählt wird.

Karl hat es inzwischen vom Ober- zum Hauptwachtmeister gebracht und wird im Juli 1933 zum Polizeibeamten auf Lebenszeit ernannt. Entgegen den Ratschlägen und Ermahnungen seiner Kollegen bleibt er seinem Grundsatz treu, dass ein Beamter keiner politischen Partei angehören und neutral sein sollte, und misst den Stimmen seiner Dienstherren und Vorgesetzten keine größere Bedeutung bei, die tönen, dass Nichtparteimitglieder nicht Beamte beim Bremischen Staat sein könnten. Stattdessen spottet er über Hans-Hermanns zackiges Auftreten, seine geschniegelte SA-Uniform und das männerbündlerische Gehabe, während Henriette ihm Hans-Hermanns glänzende Karriere als leuchtendes Beispiel vorhält und nicht müde wird, ihm immer wieder all die Möglichkeiten aufzuzählen, die sich auch für ihn eröffnen würden, wenn er sich endlich durchringen könnte, in die NSDAP einzutreten.

Dass es ihm so schwerfällt, für eine offensichtlich richtige Sache und die eigene Familie über seinen Schatten zu springen, bringt Henriette zur Weißglut. Sie überwindet als Mutter von drei Kindern doch auch und jeden Tag aufs Neue ihren Ekel vor Rotznasen und klebrigen Händen und kommt als Frau, trotz ihrer Abneigung gegen alles Körperliche, ihren ehelichen Pflichten nach. Sie denkt dann einfach an das Höhere, den Führer zum Beispiel, und das Mutterkreuz, das ihr schließlich verdientermaßen in Bronze verliehen wird – als sie im zehnten Jahr ihrer Ehe endlich das vierte Kind zur Welt bringt, einen Jungen. Sie nennen ihn Siegfried.

Bei vier Kindern und Karls kleinem Polizistengehalt ist an ein eigenes Häuschen unter normalen Umständen gar nicht zu denken. Dass sie trotzdem eines in der neuen, für kinderreiche Familien konzipierten Gartenstadtsiedlung zwischen Gut Grolland und dem Storchennest zugewiesen bekommen und zu einem bezahlbaren Preis erwerben können, ist nicht zuletzt Henriettes Beziehungen zu Hans-Hermann im Bremer Senat zu verdanken.

Das Haus mit dem steilen Walmdach und den quadratischen Fenstern entspricht dem modernen Zeitgeist und Geschmack der Dreißigerjahre. Der Garten grenzt an die Ochtum, den Nebenfluss der Weser, und ist mit fast tausend Quadratmetern so groß, dass er bewirtschaftet werden kann. Hier, denkt Henriette, will sie Obstbäume pflanzen und ihre Kinder zu aufrechten Menschen erziehen, die ihren Teil zur Gesellschaft und einem gedeihlichen Miteinander beitragen werden. Und vielleicht werden die Kinder – oder wenigstens eines von ihnen, einer der beiden Jungs, der blondgelockte, blauäugige Siegfried zum Beispiel – sogar zu Höherem berufen sein, wenn sich der Charakter erst herausgebildet und gefestigt hat.

Karl bekommt als Polizist die Zuständigkeit für das Wohngebiet und eine Dienststelle im eigenen Haus, im Zimmer neben der Wohnstube, gleich bei der Eingangstür rechts. Hier kann er ohne Vorgesetzten, weitgehend alleinverantwortlich, unter Berücksichtigung aller sich ständig ändernden Vorschriften, in Ruhe seinen Dienst versehen und es unter diesen für ihn sehr komfortablen Umständen auch mit seinem Gewissen vereinbaren, im Gegenzug seine Neutralität als Beamter aufzugeben. Noch im selben Jahr, 1937, wird er Mitglied der NSDAP, während Hans-Hermann wegen Bestechlichkeit im Amt und Veruntreuung öffentlicher Gelder von seinem Posten als Senator zurücktreten und aus Bremen verschwinden muss.

Henriette bringt ihr fünftes Kind zur Welt, wieder einen Jungen. Österreich wird heim ins Reich geholt und Karl von seiner Polizeidienststelle an der Bardenflethstraße abgezogen und nach Wien abkommandiert.

Die deutsche Wehrmacht marschiert in Polen ein. Der Nachbar, Herr Schwertfeger, schießt sich ins Knie, um einer Einberufung zu entgehen, und am Himmel über der Gartenstadtsiedlung tauchen britische Kampfflugzeuge auf, die im Tiefflug über die Häuser mit den Walmdächern hinwegdonnern und wenige Kilometer entfernt, über dem Bremer Flughafen, Bomben abwerfen. Henriette, allein mit fünf Kindern, reagiert kopflos, kippt in der Wohnstube das Sofa um und lässt die Kinder mit Kochtöpfen auf dem Kopf unter der provisorischen Schutzwand niederkauern.

Karl wird nach Bremen an die Heimatfront zurückbeordert und von der Kommandostelle der SS aufgefordert, dort unverzüglich persönlich zu erscheinen und seine Beitrittserklärung zu unterschreiben. Er gehorcht, erhält den Dienstgrad des Hauptscharführers und wird bei seiner Beförderung zum Meister der Schutzpolizei, im Zuge der Dienstangleichung, zum Untersturmführer ernannt. Henriette fühlt sich in ihrem Haus, bei ihrem Mann, seiner kleinen Polizeistube und der Nähe zum Flughafen trotzdem nicht sicher und auch nicht am richtigen Platz. Sie sehnt eine Möglichkeit herbei, selbst ihren Beitrag zu leisten, um eine Sache voranzubringen, von der sie überzeugter ist denn je.

Hans-Hermann ist nach seiner Abberufung als Senator zum stellvertretenden Leiter des Rasse- und Siedlungshauptamts berufen worden, das in Thüringen auf der Rothenburg angesiedelt ist. Dort sucht er eine Hauswirtschaftsleiterin, jemand Tatkräftiges, der organisieren, delegieren und durchgreifen kann, und denkt dabei an Henriette. Sie beginnt, gegen den Willen ihres Mannes, zu organisieren und das scheinbar Unmögliche möglich zu machen. Sie schickt ihren ältesten Sohn, mittlerweile zehn Jahre alt, zu den Schwiegereltern nach Schöningen. Die Achtjährige kommt auf einen Transport nach Zittau, wo das Kind auf dem Marktplatz als Arbeitskraft vermittelt wird und hoffentlich an Leute gerät, die es gut mit dem Fratz meinen. Die Große, inzwischen fast fünfzehn Jahre alt, nimmt Henriette mit auf die Rothenburg – als Hilfe und Aufsichtsperson für die beiden Kleinen, den sechsjährigen Siegfried und seinen zweijährigen Bruder.

Karl kann Henriettes Entschlossenheit und ihrer Tatkraft nichts entgegensetzen und sie nicht aufhalten. Er sieht seine Frau und seine Kinder nur noch dann, wenn sein Dienstplan und die äußeren Umstände es zulassen und er nach Schöningen, Zittau oder auf die Rothenburg reisen kann. Die Umstände sind schwierig, werden immer schlimmer und geraten im totalen Krieg außer Kontrolle.

Henriette hat auf der Rothenburg zunehmend den Mangel zu verwalten und weder Zeit noch Nerven, sich um die nichtigen Belange ihrer Kinder zu kümmern. Immer mehr Soldaten kommen verwundet, ausgezehrt, demoralisiert und traumatisiert von der Front und verwandeln das Rasse- und Siedlungshauptamt in ein Lazarett und Erholungsheim. Die Große, inzwischen siebzehn Jahre alt, hat zu helfen und das Kunststück zu vollbringen, sich gegen die Übergriffe der Männer zu wehren, und die Buben müssen gehorchen.

Dass ausgerechnet der blondgelockte Siegfried, der so still und in sich gekehrt ist und die immer stärker werdenden Prügelattacken seines kleinen Bruders ohne Gegenwehr, fast apathisch, über sich ergehen lässt, seiner Mutter auf so hinterlistige Weise den Gehorsam verweigert und sich als schamloser Lügner entpuppt, enttäuscht Henriette maßlos. Wochen- und monatelang hat er vorgegeben, morgens pünktlich in die Schule zu gehen, war mittags brav zurückgekehrt und hat sich, ohne eine Miene zu verziehen, zu den Angestellten an den Esstisch gesetzt. Bis herauskommt, dass er die Vormittage nicht in der Schule, sondern im Wald zubringt, dass er, statt zu lernen und seinen Pflichten nachzukommen, auf der faulen Haut liegt und sich einen schönen Lenz macht.

Sie erteilt ihm eine solche Tracht Prügel, dass er tagelang nicht sitzen und in der Nacht nur auf dem Bauch schlafen kann. Dass er weinend berichtet, er werde von den Kindern im Dorf gejagt, schikaniert und regelmäßig verprügelt, interessiert Henriette nicht. Dass er für die Dorfjugend der Junge von der Rothenburg ist und zur inzwischen verhassten Nazi-Obrigkeit gehört, will sie nicht sehen, nicht wissen und als Entschuldigung auch nicht gelten lassen – im Gegenteil: Statt sich wie ein deutscher Junge mutig zur Wehr zu setzen, hat der Achtjährige sich feige weggeduckt, hat niederträchtig gelogen und steht für Henriette in diesem Moment auch stellvertretend für die Niederlage und herbe Enttäuschung, die sie persönlich in dieser Zeit erlebt. Sie muss sich eingestehen, dass alles, woran sie mit großer Überzeugung und aus vollem Herzen glaubt, sich nicht erfüllt hat und ihr Weltbild dabei ist zusammenzubrechen.

Entgegen der Propaganda ist die Truppe im Osten nicht nur stecken geblieben, sondern auf dem Rückzug. Die Front rückt immer näher. Hans-Hermann ist Hals über Kopf zu einem Einsatzbefehl nach Berlin aufgebrochen, dort aber nie angekommen und gilt seither als verschollen. Henriette ist wie gelähmt und unfähig, eine Entscheidung zu treffen. Das Grollen der Panzer und das Rattern der Maschinengewehre werden immer lauter, aber sie hält wie in Schockstarre mit den Kindern weiter die Stellung. Es ist ein Zittern, Bangen und Warten, ohne dass darüber gesprochen wird, worauf sie denn warten. Auf die Russen, die alles niederbrennen und Dinge mit ihnen anstellen werden, die so grausam sind, dass man sie sich nicht vorstellen kann?

Dann ist der Treck zu sehen, der sich langsam den Weg zur Burg hinauf bahnt. Dem Militärkonvoi voran fährt ein Jeep mit der amerikanischen Flagge. Der Kommandant lässt niemanden an die Wand stellen, sondern Schokolade an die Kinder verteilen. Die Burg wird nach Kriegsverbrechern durchsucht und die Tür zu einem verschlossenen Raum aufgebrochen.

Henriette wird zum Verhör einbestellt. Um ihre Unschuld und Hilflosigkeit auch optisch zu unterstreichen, bindet sie sich ein Kopftuch um und sagt aus, dass sie als Leiterin der Hauswirtschaft von nichts weiß und auch nicht sagen kann, woher die Berge an Pelzen und Schuhen kommen, die in dem verschlossenen Raum gefunden wurden, wie sie dorthin gekommen sind und wem sie gehören.

Der Kommandant entlässt sie und sagt: »Frau Hormann, Sie haben fünf Kinder. Sie sollten von hier verschwinden. Worauf warten Sie?«

Zu diesem Zeitpunkt eine Flucht zu organisieren und den Bauern zu finden, der sie mit den Kindern im Schutz der Nacht durch den Wald bringt, ist ein Kunststück, das Henriette in letzter Sekunde gelingt. Das Sperrfeuer aus den Kalaschnikows ist nicht nur zu hören, sondern in der Dunkelheit auch zu sehen.

Wochen später, bei der Ankunft in Bremen, in der Gartenstadtsiedlung zwischen Gut Grolland und dem Storchennest, bevölkern fremde Menschen, Flüchtlinge und Ausgebombte, das Haus in der Bardenflethstraße und verwandeln die kaum noch vertrauten Räume mit ihren Habseligkeiten in fremdes Terrain.

Karl ist nicht da, die Polizeistube verwüstet. Henriette schickt ihre Kinder los, den Vater zu suchen. Sie finden ihn in der Nachbarschaft. Er trägt keine Uniform, ist hemdsärmelig, unrasiert und spielt Skat.

»Komme gleich«, sagt er, ohne von seinem Blatt aufzusehen, aufzustehen oder seine Kinder zu umarmen. »Muss nur noch die Runde zu Ende spielen.«

13

eine Einnahmequelle — une source de revenus
melierte Schnürsenkel — lacets chinés
eine offene Tür — une porte ouverte

Es war am frühen Nachmittag. Mein Vater machte Anstalten, sich vom Sofa zu erheben und ein weiteres Mal mit den Wasserfiltern loszufahren. Der Raum Bremervörde sei noch nicht vollständig abgegrast, sagte er. Dort gebe es noch einiges Potenzial.

Aber wie er dabei in den Strickkorb starrte, war ihm anzumerken, dass er selbst nicht so recht daran glaubte. Er würde wahrscheinlich lieber am Haus oder am Swimmingpool weiterarbeiten. Das Becken sollte vor meiner Konfirmation unbedingt noch fertig und mit einer niedrigen Mauer und Blumenrabatten eingefasst werden.

»Weiße Rosen wären schön«, sagte meine Mutter.

Sie war dabei, Fäden zu vernähen, um dann loszufahren und den Pullover in Worpswede abzuliefern. Das Wollgeschäft, das ihr den Strickauftrag erteilt hatte, zahlte hundert Mark bar auf die Hand. Das Honorar war zurzeit unsere einzige Einnahmequelle, und wir beteten, dass meine Mutter gleich den nächsten Auftrag erhielt. Die Chancen standen gut. Die Worpsweder Touristen waren ganz wild auf ihre Pullover im Material- und Mustermix. Es war inzwischen der vierte Pullover, den meine Mutter in den vergangenen drei Wochen auf Bestellung gestrickt hatte.

Ich saß an meinem Schreibtisch, hatte die Finger in der Grundstellung auf den Tasten der alten mechanischen Quelle-Privileg und die Augen geradeaus aufs Übungsbuch gerichtet. Ich war mit den kleinen Fingern beim A und Ö, als es an der Haustür klingelte.

Ich war mir sicher, dass es sich um den Grufti aus dem Nurdachhaus handelte, der zu Corinna wollte, und kam gar nicht auf die Idee, dass es auch für mich sein könnte. Von meinen alten Mitschülern aus der Orientierungsstufe, die es aufs Gymnasium geschafft hatten, hatten alle Latein gewählt. Ich war in Heilshorn in meinem Jahrgang der einzige Franzose und hatte, als gäbe es zwischen Lateinern und Franzosen eine unsichtbare Mauer, keinen oder nur noch sporadischen Kontakt zu den Leuten von früher.

Meine Freundschaft zu Zoe war exklusiv. Als jemand, der in Bremen zur Schule ging, war sie in Heilshorn nahezu unbekannt. Sie würde niemals unangekündigt vor der Tür stehen, sondern rief immer an, und das bedeutete, dass ich mich dann ziemlich unverzüglich mit Frieda auf den Weg machte und sie nicht umgekehrt zu mir kam.

»Zoe pfeift, Daniel springt«, sagte Boris.

Ich hatte nichts dagegen zu springen, und auch Frieda liebte ihre Freiheiten bei Zoe.

Heute, wo mutmaßlich der Grufti – nun schon zum wiederholten Mal und mit mehr Nachdruck – klingelte, wusste ich zufällig genau, dass Zoe nach der Schule in Bremen blieb, um das Geld auszugeben, das sie von ihrem Vater bekommen hatte: fünfzig Mark, die ihr schon zum zweiten Mal völlig unerwartet in den Schoß gefallen waren.

Es war ein klarer Fall von Bestechung – Zoe sah es genauso. Ihr Vater hoffte, dass sie ihren Widerstand gegen Betti aufgeben oder sie wenigstens stillschweigend dulden würde. Zoe nahm das Geld, legte es in Schallplatten an und blieb bei ihrer ablehnenden Haltung. Was sollte sie auch sonst tun? Auf die Kohle verzichten? Betti würde trotzdem am Wochenende und immer öfter auch unter der Woche im Schneidersitz auf dem Sofa herumsitzen und so tun, als wäre es die selbstverständlichste Sache der Welt.

»Kann mal jemand aufmachen?«, schrie ich. »Corinna!« – und tippte weiter: Aaö, öÖa, aöA.

Mein Kinderzimmermöbel vibrierte und funktionierte mit dem Ober- und Unterschrank wie ein Resonanzkörper, der den Lärm der Privileg noch verstärkte. Leise tippen ging nicht – auch wenn die anderen sich über den Lärm beschwerten und fragten, was ich eigentlich mit dem Terror bezweckte und ob ich Sekretärin werden wolle. Dabei ratterte die Privileg bei mir nicht annähernd so wie bei meiner Mutter in der Zeit, als sie sie nach dem Abendbrot auf den Tisch wuchtete und den Essplatz zum Büro umfunktionierte. Wursttteller, Butterdose und Brotkorb verschwanden hinter der Durchreiche, und mit der gelben Privileg kamen Aktenordner, Briefbögen und Kohlepapier auf den Tisch. Ein irrer Sound erfüllte das Wohnzimmer, während mein Vater an seiner Zeichenplatte zwischen Polstergarnitur und Schrankwand das Haus für seine ersten Bauherren plante. In die Unterhaltungen meiner Eltern mischten sich neue

Vokabeln. Von Bauantrag war die Rede, von Abstandsflächen, Lieferfristen und Statik und davon, dass es bald zu eng werden würde mit dem Büro auf dem Essplatz und der Zeichenplatte im Wohnzimmer.

Ich schob ruckartig meinen Stuhl zurück und ging zur Tür – davon überzeugt, dass es sich nur um Luna handeln konnte. Früher war der Hund gegen die Klinke gesprungen und hatte die Haustür selbstständig aufgemacht. Aber mein Vater meinte, es sei kein Zustand, dass ein Hund ständig die Tür aufmacht, hatte die Klinke durch einen Knauf ersetzt, und nun sprang Luna gegen den Klingelknopf und raubte uns allen den letzten Nerv.

Doch als ich um die Ecke in den Windfang bog, sah ich, dass ich mich geirrt hatte. Der Schatten hinter der Scheibe aus Riffelglas füllte fast das ganze Rechteck aus und wirkte durch die massige Präsenz fast furchteinflößend. Doch kurz vor der Tür konnte ich keinen Rückzieher mehr machen. Ich fuhr mir einmal mit der Hand durch die Haare – und riss entschlossen die Tür auf.

Der Mann hatte eine Halbglatze und eine Gesichtsfarbe, die auf Bluthochdruck schließen ließ und darauf, dass er kurz vor dem Explodieren war. Zur Hose mit Bügelfalte trug er eine Windjacke und ein gestreiftes Hemd.

Er beugte sich vor, und mir fiel auf, dass die dunklen und grauen Härchen, die aus seiner Nase sprießten, mit den melierten Schnürsenkeln seiner Halbschuhe korrespondierten. Als würde er mit einem Kleinkind reden, fragte er: »Sind denn vielleicht deine Eltern zu Hause?«

»Tut mir leid.« Meine Stimme klang dünn und unglaubwürdig, dabei antwortete ich doch nach bestem Wissen und Gewissen. »Sind beide weg«, sagte ich. »Soll ich etwas ausrichten?«

»Weißt du denn, wann sie wiederkommen?« Der Mann schlenkerte ungeduldig mit dem Aktenkoffer.

»Keine Ahnung.« Ich drängte Frieda mit dem Fuß zurück in den Windfang. »Worum geht's denn?«

»Kuhn ist mein Name.« Er versuchte, an mir vorbei ins Haus zu spähen. »Deine Eltern wissen Bescheid.«

»Kommen Sie am besten morgen wieder.« Ich drückte gegen die Tür und versuchte, den Spalt zu verkleinern. »Oder noch besser: Rufen Sie vorher an.«

»Eine Frage.« Der Mann stemmte sich mit ausgestrecktem Arm gegen die Mauer. »Fährt dein Vater einen dunkelgrünen Granada?«

»Ja.« Ich wurde rot. »Warum?«

»Richte ihm aus, er soll sich nicht weiter in Schwierigkeiten bringen.« Er trat einen Schritt zurück, reckte den Hals und warf einen suchenden Blick durchs Küchenfenster. »Ich komme wieder.«

»Wiedersehen«, murmelte ich.

Als ich die Tür zumachte und in den Windfang zurückwich, sah ich durchs Riffelglas, wie der Mann, statt sich zu entfernen, seine Aktentasche abstellte und gegenüber durch die Glastür ins Büro spähte.

»Angela!«, rief ich. »Boris! Kommt mal her. Hier ist ein ganz komischer Typ.«

Der Mann wanderte mit dem Aktenkoffer am Küchenfenster vorbei. Ich sprang rüber zum Essplatz und verbarg mich hinter der Gardine.

Er ging ohne Eile am Blumenbeet entlang, betrachtete die Kletterrose und ließ seinen Blick über den Vorgarten und die Löcher im Rasen schweifen. Als wollte er sich partout nicht damit abfinden, dass meine Eltern nicht da waren. Endlich verließ er das Grundstück – ohne die Pforte hinter sich zuzumachen.

Sein vw-Passat stand unter den Birken. Er stieg ein. Aber statt loszufahren, saß er reglos da wie ein Privatdetektiv bei einer Observation. Oder machte er sich Notizen?

Plötzlich ließ er den Motor an, fuhr rückwärts den Weg hinunter und verschwand aus meinem Blickfeld. Das Motorengeräusch verstummte, brauste noch einmal auf und verhallte.

»Du glaubst nicht, was passiert ist«, rief ich und ließ die Tür vom Vorratsraum gegen die Wand knallen.

An Boris' Mikroskop brannte die Lampe, aber er selbst war nicht da. Auch Corinna war verschwunden, die Lämpchen am Hifi-Turm waren erloschen. Wahrscheinlich war sie zum Grufti gegangen und Boris im Wald. Und Angela – fiel mir ein – hatte Gitarrenunterricht. Tatsächlich war das Instrument weg.

Zu wissen, dass ich die ganze Zeit allein gewesen war und keine Rückendeckung hatte, als ich dem Mann gegenüberstand, verursachte mir noch nachträglich ein mulmiges Gefühl. Ich stand im Flur und fragte mich: Was hatten meine Eltern verbrochen? Warum wurden sie gesucht? Hatten sie eine Bank überfallen, war der Typ von der Kripo?

Frieda schnüffelte an der Ritze unter der Schlafzimmertür und winselte leise.

»Was ist los?«, fragte ich.

Der Raum war für uns tabu. Wir hatten darin nichts zu suchen. Nur einmal waren wir heimlich reingegangen. Es geschah aus Protest, nachdem unsere Eltern zum Kegeln gefahren waren, uns allein gelassen hatten und den Schlüssel für den Fernseher so gut versteckten, dass wir ihn nicht finden konnten. Wir fühlten uns betrogen, um unser Vergnügen gebracht, auf das wir uns insgeheim schon seit Tagen gefreut hatten. Wir wollten uns rächen und jetzt erst recht etwas Verbotenes tun.

Wir probierten von den Flaschen in der Bar, kletterten im Flur x-beinig die Wände hoch, bis wir mit unseren Köpfen an die Styropordecke stießen, seiften uns im Elternbadezimmer mit Rasierschaum ein. Dann nahmen wir uns im Schlafzimmer die Schränke und Schubladen vor.

Ich weiß nicht, wer von uns das Geheimfach entdeckte. Wir standen an der Frisierkommode, benetzten uns mit Parfüm, als einer von uns den Schmuckkasten aufklappte. Wir kramten zwischen Ketten und Ringen, als unter dem braunen Samt ein zweites Fach auftauchte, ein Versteck.

Ein goldenes Feuerzeug befand sich darin. Es war klein, schwer und lag mit der fein geriffelten Oberfläche, dem Waffelmuster, angenehm in der Hand. Wenn man den kleinen Deckel hochklappte, sollte die Flamme angehen. Funktionierte aber nicht.

Man müsste es mit Benzin auffüllen, sagte Boris, dann könnte man es auch benutzen.

Wir konnten uns keinen Reim darauf machen. Warum benutzte unsere Mutter am laufenden Band Wegwerffeuerzeuge und ließ das schöne goldene im Schmuckkasten vergammeln?

Wahrscheinlich sei sie einfach zu faul für die Prozedur mit dem Benzin, meinte Angela.

»Typisch«, sagte Corinna, legte das Feuerzeug zurück, legte den Schmuck obendrauf und klappte den Kasten zu.

Als ich meine Mutter auf das Feuerzeug ansprach, feilte sie sich die Nägel und schien sich über meine Frage gar nicht zu wundern.

Das Feuerzeug sei ein Geschenk von Hugo, sagte sie, ein alter Bekannter und Geschäftsmann aus ihrer Zeit an der Baumwollbörse. Sie schaute in die Ferne und sagte mit einem entrückten Gesichtsausdruck, wie ich ihn noch nie an ihr gesehen hatte, er habe damals zu ihr gesagt, wenn sie irgendwann einmal in Schwierigkeiten stecken würde, solle sie keine Sekunde zögern und sich bei ihm melden. Er würde ihr helfen. Sie hatte ein Glitzern in den Augen, wie damals, als sie uns eröffnete, dass Opa Karl gestorben war.

Jetzt öffnete ich die Tür. Die Betten waren gemacht, die Kopfkissen aufgeschüttelt, die Decken glattgestrichen. Auf dem Sessel türmten sich wie immer die Klamotten meiner Mutter, aber irgendetwas war anders.

Es war die Schmuckschatulle auf der Frisierkommode. Sie war aufgeklappt, als ob sich gerade jemand daraus bedient hätte. Aber die Ringe – der Rubin, der Bernstein, der Amethyst, der Smaragd und der Rauchtopas – waren alle noch da. Ich nahm die Schmuckstücke heraus und hob den zweiten Boden hoch. Das Fach darunter war leer, das goldene Feuerzeug verschwunden. Hatte meine Mutter es in der Zwischenzeit entsorgt oder ein neues Versteck gefunden? Hatte sie Angst, dass wir es klauen würden?

Die Tür zur Schlafzimmerterrasse war nur angelehnt. Das monotone Rauschen der Autos auf der B6 war zu hören und in der Ferne die Stimme meines Vaters.

Ich schob die Gardine beiseite und trat nach draußen. Stichsäge, Leisten und Latten lagen herum, und der Boden war mit Sägespänen bedeckt. Mein Vater sang, wobei er die Vokale süßlich in die Länge zog:

> *Mariechen saß weinend im Garten,*
> *im Grase lag schlummernd ihr Kind.*
> *Mit ihren goldblonden Locken*
> *spielt säuselnd der Abendwind.*

Er stand im Garten und betrachtete aus der Distanz den Dachüberstand, der über die gesamte Länge des Hauses, von der Wohnzimmer- bis zur Schlafzimmerterrasse, nun einheitlich mit Profilholz verkleidet war.

Ich folgte dem Blick meines Vaters und sah zum ersten Mal, was mir vorher nie aufgefallen war: Das Dach folgte einer ganz eigenen Form. Ecken, Kanten und Mauervorsprünge vom Haus wurden durch einen dynamischen Schwung zusammengefasst, was dem Bungalow zu einer Eleganz verhalf, die hier am Ende mit der runden Säule, die das Dach der Schlafzimmerterrasse stützte, seinen Abschluss fand.

»Wer ist Herr Kuhn?«, fragte ich.

Mein Vater schaute überrascht zu mir herüber. »Herr Kuhn?«, wiederholte er und klappte den Zollstock zusammen. »War er da?«

»Er hat geklingelt.«

Mein Vater nickte versonnen, schien ein paarmal Anlauf zu nehmen, bis er sagte: »Herr Kuhn ist unser Gerichtsvollzieher.«

14

Im Frühling des Jahres 1945 sind am Himmel keine Flugzeuge zu sehen, in der Ferne keine Schüsse mehr zu hören. Stattdessen ist die Luft erfüllt von Vogelgezwitscher und dem Geplätscher und Gegurgel der Ochtum, und Siegfried denkt, von einer Zuversicht erfasst, dass dies vielleicht ein Neuanfang sein könnte, der Beginn von etwas ganz Wunderbarem. Es ist sein zehnter Geburtstag.

Die siebenköpfige Familie ist wieder vollzählig. Sie sind nacheinander über ein Sammellager im niedersächsischen Helmstedt aus Thüringen und Sachsen eingetroffen, haben sich durchgeschlagen, sind körperlich unversehrt und haben keine äußeren Blessuren – auch der große Bruder, der die Kriegsjahre, behütet von den Großeltern, in Schöningen auf dem Land verbracht hat und dann zum Volkssturm einberufen wurde.

Wenn er jetzt mit seinem Bartflaum auf der Oberlippe erzählt, wie er sein Gewehr in die Weser warf, bevor die Tommys ihn festnahmen, ist Siegfried voller Ehrfurcht und Bewunderung für den großen Bruder, und gleichzeitig ist er ihm nach drei Jahren der Trennung fremd geworden – wie auch die Schwester, die in Zittau als Magd arbeitete und von den Bauern für das Ausmisten des Schweinestalls nicht einmal Schuhe bekam.

Mit fremden Leuten, den Geflüchteten und deren Habseligkeiten, teilt sich die Familie das Haus in der Bardenflethstraße. Bis zu sechzehn Personen drängeln sich im Erdgeschoss und in den Kammern unterm Dach. Die Polizeidienststelle im Haus wurde von den Alliierten aufgelöst. Uniform, Gürtel, Mütze und Helm mit ss-Runen, Reichsadler- und Hakenkreuzverzierungen wurden konfisziert.

Der Vater muss im Straßenbau arbeiten und bei der Beseitigung der Trümmer helfen. Siegfried sieht, wie er frühmorgens zur Arbeit aufbricht, abends erschöpft zurückkehrt und so dünn ist, dass Hemd und Hose nur noch an ihm herunterhängen.

Die Mutter sieht, dass die Arbeit, die der Vater auf Befehl der neuen Machthaber so klaglos verrichtet, sinnvoll und notwendig ist. Aber sie sorgt sich um seine Gesundheit und will, dass er lieber heute als morgen bei der Militärregierung vorstellig wird und um Erlaubnis bittet, in seinem früheren Beruf als Frisör zu arbeiten. Doch der Vater ist der Ansicht, dass jetzt nicht der richtige Zeitpunkt sei, den Siegermächten mit Forderungen zu kommen. Er will tun, was die Militärregierung anordnet, um nach Ablauf einer gewissen Frist, die er Sühnezeit nennt, in den Polizeidienst zurückkehren zu können, damit alles irgendwann wieder zu seiner ursprünglichen Ordnung zurückfindet.

Die Mutter will nicht so lange warten und will wissen, wem denn am Ende gedient sei, wenn der Mann, den sie geheiratet hat, sich bis zur Erschöpfung verausgabt und dann als Ernährer ihrer fünf Kinder ausfällt? Sie verlangt, dass er sich vor den Besatzern nicht kleiner macht, als er ist, und Haltung zeigt.

In klaren Sätzen diktiert sie, was er ihrer Ansicht nach bei der Militärregierung vorzubringen habe. Dass er nachweislich erst 1937, unter Druck seines Vorgesetzten, zu einem Zeitpunkt in die Partei eintrat, als alle seine Kameraden diesen Schritt schon längst getan hatten. Dass er es sich als Vater von fünf Kindern beim besten Willen nicht länger habe erlauben können, durch Zurückhaltung aufzufallen. Genauso verhalte es sich mit seinem Eintritt in die ss, in die er als einer der Letzten seines Blocks nach dem Österreich-Feldzug im Jahre 1938 eingegliedert wurde – quasi automatisch und entgegen seiner Überzeugung, dass ein pflichtbewusster und gewissenhafter Beamter gar nicht politisch tätig sein könne, sondern in der Politik immer neutral zu sein habe.

Der Vater ist erschöpft, resigniert und kommt mit der Mutter zu keiner Übereinkunft. Der Streit findet meistens – mal lauter, mal leiser – hinter verschlossenen Türen statt, wenn Siegfried im Bett ist, schlafen und nicht durch die Gegend geistern soll. Aber was soll er tun? Immer wenn er die Augen zumacht, begegnen ihm die Männer mit klaffenden Wunden in zerlumpten Uniformen. Er sieht sie in der Dunkelheit im Sperrfeuer der Kalaschnikows, hört ihr Schreien und erlebt die Todesangst seiner Mutter, die sich auf ihn übertragen hat, als sie auf der Flucht auf dem Fuhrwerk durchgeschüttelt wurden und sich aneinanderkauerten.

Er wälzt sich im Bett hin und her, schreit und bekommt von seinem kleinen Bruder Fußtritte verpasst und Stöße mit dem Ellenbogen. Wenn er dann wach daliegt, dringen durch die Ritzen der Türen und Dielen die Wortfetzen der Eltern, die für ihn keinen Sinn ergeben. Wovon hat die Mutter nichts gewusst, und welche Menschen hat der Vater mit eigenen Augen gesehen, wie sie zu den Zügen getrieben wurden?

Die Mutter schluchzt mit bebender Stimme, sie habe nur Gutes im Sinn gehabt, und schreit, was der Vater zu wissen glaubt, seien erfundene Geschichten, widerliche Schauermärchen. Und der Vater brüllt, sie sei verblendet und solle endlich zur Vernunft kommen, und schlägt die Tür hinter sich zu.

In der Nacht vom 5. auf den 6. Dezember 1945 fährt ein Militärfahrzeug durch die Bardenflethstraße und stoppt vor dem Haus. Kurz darauf hämmert es an der Tür. Laute Stimmen rufen nach dem Vater.

Siegfried hört Soldatenstiefel in der Diele, begleitet vom barschen »*Go! Go! Go!*«, und die Stimme seiner Mutter, die immer wieder den Satz ruft, den sie später noch oft wiederholen wird: »Lassen Sie ihn! Er hat doch nichts verbrochen!«

Die Haustür fällt ins Schloss, das Militärfahrzeug fährt ab, und das Wehklagen seiner Mutter wird leiser, bis es ganz verstummt. In der Stille ist zu hören, wie Schubladen aufgezogen und wieder geschlossen werden und Schranktüren klappen.

Siegfried schleicht die Treppe hinunter und sieht den Rücken seiner Mutter. Im Schein der Kerze sitzt sie am Tisch und schreibt. Er wagt nicht, zu ihr zu gehen, zu fragen, was passiert ist, und zu sagen, dass er Angst hat. Er traut sich nicht, seine Mutter zu umarmen und dann vielleicht selbst umarmt zu werden.

Der Brief liegt am nächsten Morgen im verschlossenen

Umschlag neben dem Brotkasten. Er ist an die amerikanische Militärregierung adressiert. Die Mutter beauftragt die große Schwester, zum Polizeihaus an der Domsheide zu gehen, dem Sitz der Militärregierung, dem Vater etwas zu essen zu bringen und den Brief abzugeben, der helfen soll zu verhindern, dass dem Vater ein Leid geschieht.

Stunden später kommt die Schwester zurück und berichtet, der Vater sei bereits fort gewesen, abtransportiert in ein Internierungslager, wahrscheinlich in die Nähe von Regensburg. Siegfried fragt nicht, was das ist, ein Internierungslager, was man dem Vater dort antut und ob er jemals wieder zurückkommen wird.

Die Mutter geht in der Siedlung von Haus zu Haus und bittet die Nachbarn, eine Erklärung zum Vater abzugeben und in Worte zu fassen, wie sie ihn sehen: als Polizisten und als Menschen. Sie notiert akribisch, lässt die Leute unterschreiben und fügt den Aussagen, die sie an die amerikanische Militärregierung adressiert, in energischer Handschrift hinzu: *Wenn ich das Wort »demokratisch« als eine humane, auf Nächstenhilfe aufgebaute Gesinnung verstehen darf, dann ist mein Mann immer so demokratisch wie möglich eingestellt gewesen, denn es hat jeder, der bei ihm um Rat und Hilfe anklopfte, beides gefunden, ganz gleich, welchen Kreisen er angehörte, ob faschistisch oder antifaschistisch.*

Sie bringt die Unterlagen ins Polizeihaus, wo sie von der Militärregierung zu den Akten genommen werden.

Die Mutter versucht, die Kontrolle zurückzugewinnen und Ordnung in eine Situation zu bringen, in der nicht nur ihr Weltbild in Trümmern liegt, sondern nun auch das Letzte auseinanderzubrechen droht, von dem sie einmal dachte, dass es ihr Leben sei und jeder auf seinem Platz nach bestem Wissen und Gewissen, im Sinne einer höheren Sache, seine Aufgabe erfüllt. Selbst mit den Kräften und Nerven am Ende, trifft sie Anordnungen und erteilt, oft in hysterischem Ton, Befehle. Siegfried und sein kleiner Bruder sind im Moment ihre geringste Sorge. Ihre Aufgabe ist klar umrissen: Sie sollen zur Schule gehen, sollen sich betragen, nicht klagen und sich unterordnen.

Die beiden Schwestern, vierzehn und achtzehn Jahre alt, sind groß genug, Verantwortung zu übernehmen und zuzusehen, wo sie Geld verdienen können. Sie sollen sich eine Stelle als Haushaltshilfe suchen. Sie selbst übernimmt es, mit den Lampenschirmen und Zeitungsröhren hausieren zu gehen, die der große Bruder so wunderschön und handwerklich geschickt bastelt und künstlerisch bemalt. Die Beträge, die zusammenkommen, sind kläglich und reichen kaum für das Allernötigste, sichern fürs Erste aber irgendwie das Überleben.

Siegfried verhält sich still und stellt keine Fragen, als er mitbekommt, dass der Mann, Hans-Hermann, der ihn auf der Rothenburg gelehrt hat, wie ein deutscher Junge strammsteht und den Hitlergruß zeigt, sich im Wald versteckt. Und er sieht die Vorteile, die es hat, wenn die Mutter verschwindet, manchmal tagelang unterwegs ist und die Nachbarin, Frau Voss, aufpasst.

Als Hans-Hermann, von der Mutter mit dem Nötigsten versorgt, von sowjetischen Soldaten aufgespürt und gefangen genommen wird, ist die Nachricht für die Mutter ein mindestens ebenso schwerer Schlag wie die Tuberkulose, an der Siegfrieds mittlere Schwester erkrankt. Die Schwester muss auf unbestimmte Zeit das Bett hüten und kann nicht mehr als Spülkraft in der Krankenhausküche arbeiten und Geld verdienen.

Die Mutter bestimmt, dass der große Bruder eine Lehre als Tischler macht und die große Schwester als Schwesternschülerin im Krankenhaus anfängt. Sie hat ihnen die Stellen schon besorgt und teilt mit, dass die Arbeit am nächsten Ersten beginnt. Widerspruch ist nicht erlaubt, auch nicht von Siegfried, dem sie die Adresse seiner neuen Schule mitteilt und er auf diese Weise erfährt, dass sie ihn umgemeldet hat. Sein Einwand, dass er sich an seiner jetzigen Schule gerade anfing wohlzufühlen und zum ersten Mal Freunde gefunden hat, interessiert sie nicht. Sie wisse, was gut für ihn sei, und die neue Schule sei besser.

Zweieinhalb Jahre vergehen. Dann steht der Vater wieder vor der Tür. Er erzählt nicht, was man mit ihm gemacht, wie er die Zeit verbracht hat oder welcher Tat er bezichtigt wurde. Er schweigt, ist noch stärker abgemagert, gealtert und hat auch die letzten Haare verloren.

Damit er in den Polizeidienst zurückkehren kann, stellt er beim Senator für politische Befreiung einen Antrag auf eine Vorstellung. Damit wäre dann der Weg frei für ein Verfahren, in dem der öffentliche Ankläger seine Taten in der Vergangenheit und seine heutige politische Gesinnung bewertet und abschließend seine Einstufung als Täter oder Mitläufer erfolgt. Doch wann das Verfahren eröffnet wird und mit einer ersten Vernehmung zu rechnen ist, ist unklar, und bis zur abschließenden Entscheidung können Jahre vergehen. Wie die berufliche Zukunft danach aussieht, ist völlig offen.

Der Vater, der in den ersten Monaten nach dem Krieg noch geglaubt hat, irgendwann wieder dort anknüpfen zu können, wo er einmal aufgehört hat, bevor ihm alles entglitt, sieht sich nun getäuscht. Er will abschließen mit der Vergangenheit und kann es nicht und schaut auf ein Leben, das völlig anders verlaufen ist, als er es einmal angestrebt, geplant und sich erhofft hat.

Siegfried mit seinen dreizehn Jahren weiß nicht, was den Vater umtreibt. Er redet nicht, wenn er stumm, mit diesem leeren Blick, in den Garten schaut oder stundenlang hinter dem Haus an der Ochtum steht. Siegfried hat kein gutes Gefühl, als er aus der Schule kommt und niemand da ist. Er ruft nach seinem Vater, sucht ihn im Haus, im Garten und in der ganzen Nachbarschaft, aber der Vater ist verschwunden. Als Siegfried zurückkommt, glaubt er, auf dem Dachboden ein Geräusch zu hören. Er steigt die Treppe hinauf.

Der Vater steht auf einem Stuhl, hat am Balken ein Seil befestigt und ist dabei, eine Schlinge zu knüpfen. Siegfried sagt dem Vater, er solle vom Stuhl heruntersteigen. Der Vater gehorcht wortlos.

Siegfried wagt nicht zu fragen, warum er sich das Leben nehmen wollte. Als hätte er seinen Vater bei einer Handlung ertappt, die so intim war, dass sie für beide gleichermaßen mit Scham behaftet ist, tun Vater und Sohn so, als wäre nichts vorgefallen.

Die Mutter überlässt dem Vater die Küche als Aufgabenbereich, ist selbst oft abwesend und bringt fremde Menschen mit nach Hause, die sie unterwegs aufliest – sie fühlt sich berufen, ihnen zu helfen. Dann befiehlt sie den Kindern, am Tisch und in den Schlafkammern zusammenzurücken, und dem Vater, einen, zwei oder drei Teller mehr auf den Tisch zu stellen. Sie gewährt den Fremden ein Dach über dem Kopf und eine Mahlzeit, an der sie selbst nicht teilzunehmen pflegt.

Siegfried soll ein Instrument lernen, bekommt eine Geige und die Adresse des Lehrers, der ihn ab sofort unterrichten wird. Wie immer gibt die Mutter keine weitere Erklärung ab und duldet keinen Widerspruch. Siegfried hasst das Instrument, kann ihm keine schönen Töne entlocken, sieht aber wie damals, als er von den Dorfkindern gejagt und verprügelt wurde, keine Möglichkeit, sich aus seinem Dilemma zu befreien und den Aufstand zu proben. Damals wusste er keinen anderen Ausweg, als sich zu verstecken, jetzt simuliert er Ohnmachtsanfälle, bis der Geigenlehrer verkündet, es habe keinen Zweck mit ihm und der Geige. Die Mutter muss das Urteil des Lehrers hinnehmen und ist von Siegfried, in den sie so viel Hoffnung gesetzt hat, wieder einmal enttäuscht.

Der Vater wird als Mitläufer eingestuft, muss die Prozess- und Anwaltskosten von 2800 D-Mark tragen, aber die Rückkehr in den Polizeidienst bleibt ihm verwehrt. Er besinnt sich auf seinen ersten Beruf, richtet sich im Schuppen hinter dem Haus einen Frisörsalon ein und bedient die männliche Nachbarschaft. Er erledigt seine Arbeit, den Rund- und den Fassonschnitt, in seinem Tempo, mit der gebührenden Sorgfalt. Die Mutter reist inzwischen für den Bertelsmann-Buchklub über Land und entdeckt die erfüllende Aufgabe, den Menschen Literatur nahezubringen, die erbaulich ist und Trost und Halt geben kann, und delegiert die Hausarbeit an die Nachbarin, Frau Voss.

Siegfried geht immer seltener zur Schule, schließlich geht er gar nicht mehr hin. Er fährt mit dem Fahrrad los, Richtung Süden, immer weiter, bis er an die Schweizer Grenze stößt, an hohe Berge und den Bodensee. Er träumt davon, Opernsänger zu werden, und gibt seinem Lebensgefühl mit melancholischen Gedichten und kolorierten Zeichnungen Ausdruck, die in den Augen seiner Mutter als Beweis herhalten, dass er in der Familie doch der Künstler ist und zu Großem berufen sein könnte, wenn er nur auf sie hören und tun würde, was sie sagt.

Wenn es sich auf ihren Geschäftsreisen einrichten lässt, stattet sie Hans-Hermann einen Besuch ab, der erst Jahre nach seiner Rückkehr aus der Kriegsgefangenschaft den Mut aufbringt, sich zu seiner wahren Identität zu bekennen. Als ein Mann, der in der NS-Zeit leitende Positionen bekleidete und als Laienrichter am Volksgerichtshof Todesurteile unterzeichnete, wird er in einem Spruchkammerverfahren als minderbelastet eingestuft und von allen Vorwürfen freigesprochen. Er übernimmt in der Lüneburger Heide die Leitung eines Ausflugslokals und lässt, wenn Siegfrieds Mutter auf ihren Geschäftsreisen vorbeischneit, mit ihr die alten Zeiten bei Kaffee und Kuchen Revue passieren.

Der Vater lehnt das Angebot, nun doch in den Bremer Polizeidienst zurückkehren zu dürfen, mit den Worten ab: »Erst wolltet ihr mich nicht, jetzt will ich euch nicht.« Als Vater von fünf Kindern und Ehemann einer Frau, deren Gesundheit angeschlagen ist, verzichtet er auf regelmäßige Bezüge, Rentenansprüche und alle mit dem Beamtenstatus verbundenen Sicherheiten.

Die Mutter richtet sich im Zimmer neben der Haustür, in

der ehemaligen Polizeistube, ihre Wohnstube ein. Sie trägt lindgrüne und lavendelblaue Kostüme, schneeweiße Blusen mit gekräuselten Kragen und isst allein in ihrem Zimmer, in ihrem Sessel, an ihrem Tisch feine Salate, Lachsschinken und Pasteten, die sie sich aus den Feinkostläden der Innenstadt mitbringt – während der Vater im Zimmer nebenan für die Kinder und sich Steckrüben und Knipp auftischt. Abends schmökert sie im behaglichen Licht der Leselampe in den Romanen von Hedwig Courths-Mahler. Sie sagt, dieser Lebenswandel stehe ihr zu. Schließlich arbeite sie den ganzen Tag und verdiene in der Familie das Geld.

Siegfried streift durch die Bremer Innenstadt. Es ist Sonntag. Zwei junge Frauen kurbeln über den Schaufenstern vom Kaufhaus Bauermann die Markisen herunter. Eine ist blond wie Marilyn Monroe und trägt ein Kleid mit weit schwingendem Rock, die andere Steghose und Pullover im existenzialistischen Schwarz, passend zu ihren schwarzen Haaren. Er spricht die beiden an und hilft beim Kurbeln. Die Blonde heißt Ingeborg und ist Lehrmädchen bei Bauermann. Die Schwarzhaarige ist ihre jüngere Schwester. Sie heißt Marlene und geht aufs Kippenberg-Gymnasium.

Sie bummeln durch die Obernstraße. Siegfried erzählt, er arbeite auf dem Bau, schreibe Gedichte, wolle Opernsänger werden und sei mit dem Fahrrad schon bis an den Bodensee gekommen. Bevor die beiden am Rembertiring abbiegen und sich verabschieden, schlägt er vor, man könne doch mal gemeinsam etwas unternehmen. Im Kino um die Ecke läuft *Die Halbstarken* und *Die Fischerin vom Bodensee*. Oder man könne mal nach Sandwerder rüberfahren.

Marlene zeigt sich interessiert. Siegfried schaut in ihre braungrünen Augen und weiß: Er wird dieses Mädchen heiraten.

15

Existenzgrundlage — moyens de subsistance
Fluchtmöglichkeit — possibilité de s'évader
auf volle Lautstärke drehen — mettre le son à fond

»Nicht drücken«, sagte ich. »Ziehen.«

Zoe überließ mir das Messer, lehnte sich an den Küchenschrank und schaute zu, wie ich säbelte. Die Torte hatte genau die richtige Konsistenz: Außen weich und innen, wo die Kirschen steckten, war sie noch vereist.

»Wie sieht so ein Kuckuck eigentlich aus?«, fragte Zoe.

»Im Prinzip ist es nur ein Klebezettel«, sagte ich.

»Und wo klebt der Zettel?«

»Bei uns – hinten am Fernseher. Total unauffällig.« Ich löste ein Viertel aus der Torte und schob das Stück aufs Schneidebrett. »Der andere am Klavier, an der Innenseite des Deckels. Du musst den Kuckuck also schon suchen, um ihn zu finden. Deshalb heißt er wahrscheinlich auch so. Du klappst den Deckel vom Klavier hoch – und: Kuckuck.«

»Das heißt, euer Fernseher und euer Klavier sind jetzt gepfändet«, stellte Zoe fest. »Stehen aber trotzdem noch bei euch herum.«

Ich begann, den Klotz durch zwei zu teilen.

»Und was passiert als Nächstes?«, fragte Zoe.

»Irgendwann, schätze ich, werden die Sachen abgeholt. Nach Ablauf einer bestimmten Frist. In der man theoretisch noch Zeit hat, seine Schulden zu begleichen, wenn ich es richtig verstanden habe.«

»Und wann läuft die Frist ab?«

»Bis zu meiner Konfirmation passiert angeblich erst mal gar nichts.« Ich wischte die Buttercreme von der Klinge. »Was ist? Wir brauchen Teller.«

Indem ich es Zoe Schritt für Schritt erklärte, merkte ich, wie es mich selbst beruhigte. Es war tatsächlich so, wie meine Eltern gesagt hatten: Alles gar nicht so schlimm. Das Wichtigste war ohnehin, dass man uns die Autos nicht wegnehmen konnte, weil man uns dann die Existenzgrundlage entziehen würde. Es blieb im Prinzip erst einmal alles beim Alten.

Wie zum Beweis hatten meine Eltern, als uns allen der Schreck mit dem Gerichtsvollzieher noch in den Gliedern saß, gesagt, dass wir jetzt erst mal schön essen gehen würden. Wir hatten das Geld genommen, das meine Mutter gerade für den Pullover kassiert hatte, und waren in den ›Patentkrug‹ gefahren, als sichtbares Zeichen, dass man uns gar nichts anhaben konnte. Bei Rinderbraten und Weinbergschnecken hatten meine Eltern erklärt, was ich Zoe gesagt hatte, und klargemacht, wie harmlos die Sache mit der Pfändung eigentlich war.

Als wir nach der Dessertkarte verlangten, waren wir schon wieder alle ganz vergnügt und frotzelten, dass es auf Mousse au Chocolat und Birne Helene nun auch nicht mehr ankam und uns das wenigstens niemand mehr nehmen konnte – auch nicht Herr Kuhn, der alte Spießer mit seiner ordentlichen Bügelfalte. Und als mein Vater nach der Rechnung winkte, sagte er, irgendwann würde ja auch wieder Geld reinkommen.

Ich folgte Zoe mit den Tellern ins Wohnzimmer. Über dem Sessel hing die Lederjacke von Zoes Vater, und am Kamin lehnte ein riesiges Bild, in Luftkissenfolie verpackt, das fast bis an die Decke reichte. Es hatte hier vergangene Woche noch nicht gestanden.

»Von Ferdinand?«, fragte ich, aber die Sache war klar.

Alle Bilder, die hier herumhingen oder nach und nach mit der Post ankamen, waren von Ferdinand, einem Freund von Zoes Eltern aus Ost-Berlin und gleichzeitig Zoes Patenonkel. Dabei hatte sie ihn noch nie persönlich gesehen oder getroffen – was sich ändern könnte, wenn er im Herbst nach Bremen zu seiner eigenen Ausstellung in der Weserburg kam. Aber ob er ausreisen durfte, war noch unklar. Die DDR-Behörden hatten noch nicht darüber entschieden und ließen sich mit ihrer Entscheidung Zeit.

Zoe war pessimistisch. »Die haben Schiss, dass er hierbleibt«, sagte sie.

»Will er das denn?«, fragte ich. »Hierbleiben?«

Zoe zuckte mit den Schultern und drehte dabei eine Haarsträhne um ihren Finger, wie sie es immer tat, wenn das Thema auf die DDR kam und sie mit mir nicht über das Thema reden wollte. Leider. Ich fand alles spannend, was mit der DDR zusammenhing, und liebte die geheimnisvolle Aura, die Zoe, ihre Eltern und ihre Fluchtgeschichte umgab – von der allerdings noch nie ein Sterbenswörtchen erzählt worden war.

»Um anderen den Weg nicht zu verbauen«, sagte Zoes Vater und fügte erst auf Nachfrage hinzu: »So wie wir es geschafft haben rauszukommen, sollen es möglichst viele schaffen.«

Dieser Satz klang in meinen Ohren wie aus einem Simmel-Roman, und gleichzeitig kam es mir vor, als würde sich bei diesem Thema zwischen Zoe und mir ein Graben auftun. Zoe stand mit ihren Eltern und der DDR-Vergangenheit auf der einen Seite und ich, der Westdeutsche ohne besondere Merkmale, auf der anderen. Für mich war kein Rüberkommen. Dabei hatte Zoe, strenggenommen, gar nichts mit der DDR zu tun. Sie war im Westen geboren, sieben Monate nach Ankunft der Familie in Hannover.

»In Unfreiheit gezeugt, in Freiheit geboren«, wie Zoes Vater sagte.

Er sah alles, was die DDR betraf, negativ, nannte Honecker und alle Mitglieder des Politbüros »Verbrecher«, von denen er grundsätzlich nur das Schlimmste erwartete. Zoe übernahm diese Meinung eins zu eins, ohne jemals etwas davon zu hinterfragen. Dabei lag die Flucht inzwischen fünfzehn Jahre zurück, und es konnte theoretisch doch sein, dass sich seitdem etwas in der DDR verändert, vielleicht sogar zum Guten gewendet hatte. Das sagte auch mein Gemeinschaftskundelehrer: Der Westen sei zuweilen überheblich, bei uns sei auch nicht alles toll, und möglicherweise sei manches, was bei uns negativ über die DDR berichtet wurde, unter dem Begriff »West-Propaganda« einzuordnen. Zweiundzwanzig Jahre nach dem Mauerbau könnte man ja, zum Beispiel, daran gehen, die DDR anzuerkennen. Würde den deutsch-deutschen Beziehungen vielleicht ganz guttun.

Mit diesen Einlassungen hatte ich von Boris und Angela schon anerkennende Kommentare bekommen – was mich ermutigte, diese Ansicht weiter zu vertreten, zu meiner eigenen Meinung zu machen und den Gemeinschaftskundelehrer als Rückendeckung und Autorität wegzulassen.

Die Gelegenheit, meine Position bei Zoes Vater zu testen, kam an einem Sonntag. Er saß auf der Sofakante vor dem Fernseher, in derselben sprungbereiten Haltung, in der er sonst Bundesliga guckte. Es lief aber kein Fußball, sondern ein Bericht über einen DDR-Typen, der gestorben war und zu seinen Lebzeiten – obwohl er zeitweilig unter Hausarrest stand und nicht arbeiten durfte – die DDR nie verlassen wollte.

Ich hatte von einem Regimekritiker namens Robert Havemann noch nie gehört, weder im Unterricht, noch konnte ich mich erinnern, im *Stern* etwas über ihn gelesen zu haben, oder ich hatte es überblättert.

Zoe war gerade nicht in der Nähe. Ich lehnte in der Wohnzimmertür und warf von hinten in den Raum, dass in der DDR ja nicht grundsätzlich alles schlecht und manches vielleicht sogar besser sei als bei uns und dass da mitunter auch viel West-Propaganda im Spiel sei.

Es dauerte, bis Zoes Vater sich zu mir umdrehte. Seinen Blick werde ich nie vergessen: Er war einerseits voller Mitleid, andererseits voller Verachtung. Seine Augen waren rot, er schien keine Worte zu finden, müde zu sein und nicht zu wissen, ob es sich überhaupt lohne, nach den richtigen

Worten zu suchen. Ob mein Grips reichte, um es zu verstehen.

»Weißt du«, sagte er endlich, »Robert Havemann hatte Haltung.«

Mehr sagte er nicht, und es war klar, dass ich – wie vermutlich alle aus dem Westen und vielleicht sogar er selbst als Republikflüchtling – keine Haltung hatte oder jedenfalls nicht die, die mit der Haltung von Robert Havemann vergleichbar wäre.

Zoe stellte ihren Teller ab und angelte nach der Fernbedienung.

Das Fernsehbild flammte auf, und Werner Veigel meldete, der Bundeshauptausschuss der Grünen habe getagt und Petra Kelly, Otto Schily und Marieluise Beck als Sprechergremium im Bundestag benannt.

Zoe machte leiser, klopfte neben sich aufs Sofa und sagte: »Betti wimmert beim Sex.« Frieda kroch von meiner Seite des Sofas zu Zoe hinüber. »Ich habe Rondo Veneziano aufgelegt. Volle Lautstärke.«

»Mann.« Ich stach mit der Gabel auf die vereisten Kirschen ein. »Betti soll sich verpissen!«

»Da kannst du lange warten.« Zoe kraulte Frieda das Fell, und Frieda legte sich auf den Rücken und winkelte die Pfoten an. »Ich glaube, sie träumt davon, ins Fernsehen zu kommen«, sagte Zoe. »Als Ansagerin im *Musikladen*.«

Ich nickte bloß, aber in Wirklichkeit war ich wütend. Claus Schlüter mit seinem Porsche, seinem aufgeknöpften Hemd, behaart wie ein Affe: Einerseits war er ein Riesenarschloch, andererseits, musste ich insgeheim zugeben, fand ich ihn toll. Stand immer unter Strom, war immer am Machen und fühlte sich für alles zuständig. Er war das Gegenteil von meinem Vater, der eher abwartete, bis meine Mutter sagte, was zu tun sei. Das war jedenfalls mein Eindruck.

»Was ist jetzt eigentlich mit eurem Ausflug an die Nordsee?«, fragte ich.

Zoe antwortete nicht, starrte in den Fernseher und machte den Ton lauter.

Erich Honecker, der Staatsratsvorsitzende der DDR auf der Leipziger Frühjahrsmesse. Er sah mit seiner altmodischen Brille klein und blass aus, vor allem im Vergleich zu dem CDU-Typen neben ihm, Walther Leisler-Kiep, der aussah, als käme er gerade aus dem Skiurlaub, und zu der hochgewachsenen Wirtschaftsministerin aus Niedersachsen, Birgit Breuel, die eiskalt lächelte, während Honecker seine Bereitschaft erklärte, noch in diesem Jahr die Bundesrepublik zu besuchen.

»Sag deinem Vater doch einfach, dass du mit mir Mathe üben musst«, schlug ich vor, »und deshalb nicht mitfahren und mit Betti heile Welt spielen kannst.«

»Du kannst jederzeit herkommen, Dani, und ich erkläre dir die PQ-Formel«, erwiderte Zoe. »Aber meinem Vater sage ich, wie es ist: Keinen Bock auf Betti und Nordsee. Er kann mit ihr allein fahren.« Sie stand auf, nahm unsere leeren Teller, sagte: »Komm«, und Frieda sprang vom Sofa und lief Zoe eilig hinterher.

Ich blieb allein zurück und hörte, wie Zoe sich in der Küche mit Frieda unterhielt, während Werner Veigel meldete, in Frankreich hätten bei den Kommunalwahlen die linken Regierungsparteien die Mehrzahl der Städte und Gemeinden erobert – was mich daran erinnerte, dass meine Eltern immer noch nicht die 275 Mark für meinen Frankreichaustausch überwiesen hatten. Herr Grüneweg, der zuständige Lehrer, der immer Latzhose und Clogs trug, hatte mich in der großen Pause abgefangen und verwundert darauf aufmerksam gemacht.

Ich war knallrot geworden, hatte gesagt, dass es sich wohl um ein Versehen handle, und hoch und heilig versprochen, zu Hause Bescheid zu sagen, damit die Sache schnell erledigt wurde. Die Situation war sterbenspeinlich gewesen, und die große Frage war: Woher sollte das Geld so schnell kommen, wo wir gerade komplett pleite waren?

Die einzige Möglichkeit, die mir einfiel und von der meine Mutter nichts hören wollte: dass Oma Lydia die 275 Mark vorstreckte, bis wir wieder flüssig waren.

Ich schaltete um. Im Zweiten lief ein Theaterstück.

»Ist das *Emilia Galotti*?« Zoe reichte mir von hinten meinen Teller. »Ich fasse es nicht.« Sie nahm mir die Fernbedienung aus der Hand und machte den Fernseher aus.

Wir setzten uns auf den Boden und benutzten das Sofa als Rückenlehne. Während wir die zweite Portion aßen und auf das Bild mit der hässlichen Folie schauten, fragte ich: »Habe ich dir eigentlich erzählt, dass wir auch mal Besuch aus der DDR hatten?«

»Ihr habt Verwandte im Osten?«, erwiderte Zoe überrascht.

»Nicht wir, aber Frau Welsch, die Freundin meiner Oma Lydia.«

Es handelte sich um Frau Welschs Schwester aus Karl-Marx-Stadt und deren Nichte, die in einem DDR-Staatsunternehmen arbeitete und deshalb bei uns am Abendbrottisch im Vorfeld als eine »Hundertprozentige« eingestuft wurde. Das Wissen, dass eine Hundertprozentige zu uns zum Kaffee und Abendbrot kommen würde, hatte bei mir vorab einen wohligen Schauer ausgelöst. Umso größer war die Enttäuschung, als der Nichte mit ihrem Mireille-Matthieu-Haarschnitt dann gar nichts Außergewöhnliches oder gar Böses anhaftete. Bis zum Abendbrot der Krabbensalat auf den Tisch kam, für jeden eine Portion, auf einem Salatblatt in einem Kristallschälchen angerichtet, was nur bei besonderen Anlässen gemacht wurde, weil die Kristallschälchen nicht in den Geschirrspüler durften.

Als es hieß: Na, dann noch mal herzlich willkommen, Prost und guten Appetit, brach die Nichte in Tränen aus.

Ich dachte zuerst – wie wahrscheinlich wir alle –, dass die Nichte überwältigt war vom Krabbencocktail im schönen Kristallschälchen und sie so etwas Gutes noch nie gesehen und gegessen hatte. Doch dann stellte sich heraus, dass sie Krabben nicht ausstehen und beim besten Willen nicht runterkriegen konnte. Es war ihr so sterbenspeinlich. Der Krabbencocktail wurde dann abgeräumt, und die Nichte bekam ein Wurstbrot mit Gurke.

»Komm!«, sagte Zoe und stellte ihren Teller weg. »Wir packen es aus.« Sie stand auf, holte vom Schreibtisch die lange Papierschere und begann, das Klebeband an der Folie zu zerschneiden.

Obwohl ich ziemlich sicher war, dass Zoes Vater es nicht mögen würde, wenn wir sein Bild auspackten, hielt ich die Klappe und half, die Folie abzumachen.

Ich musste erst mal auf Abstand gehen und erkannte nichts außer Braun und Schwarz, dick aufgetragen und verschmiert, als ob Kinder im Kindergarten mit Fingerfarben zugange gewesen wären.

Dann tauchte an einer Stelle plötzlich ein halbes Gesicht auf, an einer anderen ein ausgestreckter Finger und ein Fahrrad, das bei näherem Hinsehen auch ein Busen sein könnte. Und dann kam der Augenblick, wo ich plötzlich nur noch Schweinkram sah, der so groß war, dass ich ihn gar nicht hätte benennen können.

Ferdinands Bilder seien »informell«, sagte Zoes Vater. Und sie waren so ziemlich das Gegenteil von dem, was bei uns im Wohnzimmer hing, die vier Jahreszeiten von Herbert Lohse und das Aquarell im Holzrahmen, auf dem ein See zu sehen war, umgeben von bläulichen Bergen in zartgrüner Landschaft.

Ein bestimmter Geruch ging von dem Bild aus, nicht unangenehm, wahrscheinlich frische Farbe. Die Vorstellung, dass das Gemälde vor Kurzem noch in einem Atelier in Ost-Berlin stand, dass Ferdinand daran gemalt hatte und es jetzt hier in Heilshorn war, wo wir es anstarrten und es denselben Geruch verströmte wie bei Ferdinand im Atelier, war aufregend und eigentlich unglaublich. Mit der einsetzenden Dämmerung rückte der Schweinkram auf dem Bild in den Hintergrund und wurde vom diffusen Licht schon verschluckt. Es war kurz vor halb sechs. Ich musste los.

»Kannst du etwas für dich behalten?«, fragte Zoe.

Sie hatte plötzlich eine Schachtel in der Hand. Keine Zigaretten, sondern Tabletten. *Adumbran* stand auf der Packung.

Ich kannte die Dinger vom Hörensagen. Oma Henriette nahm sie, wenn sie nicht schlafen konnte, also ständig, und warf manchmal so viele davon ein, dass sie sich noch am nächsten Tag ganz besoffen am Telefon anhörte.

»Von deiner Mutter?«, fragte ich – und verstand: »Du willst Betti ein paar unterjubeln?«

Zoe ging zur Stereoanlage, während ich auf der Packungsbeilage las: *Potenziert sich bei gleichzeitigem Alkoholkonsum. Beeinträchtigt das Reaktionsvermögen.*

»Ich schwöre dir«, rief Zoe, »in zwei, drei Wochen hat es sich ausgefiept. Dann hängt sie hier nur noch apathisch herum. Und mein Vater schießt sie auf den Mond.«

Der Tonarm senkte sich, es knisterte. Zoes Lieblingslied begann, und Frieda machte etwas, was sie nur ganz selten tat: Sie kläffte und rannte im Kreis um uns herum, während wir hüpften, tanzten und mitsangen:

Draa di net um – oh, oh, oh
Schau, schau, der Kommissar geht um – oh, oh, oh
Er hat die Kraft und wir sind klein und dumm
Und dieser Frust macht uns stumm
Alles klar, Herr Kommissar?

16

ein gelbes Toupet — un toupet jaune
ein gelber Umschlag — une enveloppe jaune
ein Hausmeisterehepaar — un couple de concierges

Es war kurz nach sechs. Ich hängte Friedas Leine an den Haken und zog meine Schuhe aus. Corinna hing vor dem Fernseher und guckte *Ein Colt für alle Fälle*. Boris las im *Stern*, und Angela spielte in ihrem Zimmer Gitarre. Der Abendbrottisch war schon gedeckt, aber von meinen Eltern nichts zu sehen.

»Die sind im Büro«, sagte Corinna.

»Im Büro?«, wiederholte ich überrascht. »Gibt's einen neuen Auftrag?«

»Irgendein Anruf.«

»Von wem?«

»Ich glaube, Herr Stark.«

»Also doch ein neuer Bauherr?«

»Hörte sich nicht so an.«

Ich wurde aus Corinnas Angaben nicht schlau. Wenn Herr Stark sich wieder meldete, könnte es ein gutes Zeichen sein – gerade weil er zuletzt in Ungnade gefallen war. Vielleicht gab es eine neue Entwicklung, und meine Eltern und

Herr Stark knüpften dort wieder an, wo sie ihre einst so erfolgreiche Zusammenarbeit beendet hatten.

Woran sich heute niemand mehr so recht erinnern wollte: Herr Stark mit seinem gelben Toupet war einmal unser Lieblingsvertreter gewesen. Wenn er in seinem auberginefarbenen BMW mit Vollgas den Weg entlanggebraust kam, legte sich der aufgewirbelte Staub noch auf die auberginefarbene Karosserie, während Herr Stark im Büro schon die neuen Bauherren-Verträge auf den Tisch knallte. Er verkaufte die Häuser meines Vaters wie warme Semmeln. Anders konnte man es nicht ausdrücken. Wenn es nach ihm gegangen wäre, hätte unsere Anzeige mit dem Grundstücksquadrat in der Mitte und dem Satz »Hier könnte schon bald Ihr Eigenheim stehen!« jeden Tag und nicht bloß samstags im *Weser Kurier* gestanden, am liebsten gleich mit seiner Telefonnummer unter unserem HMH-Firmenlogo, den drei Buchstaben, die für Hormann Massiv Haus standen und zusammen ein Haus mit Spitzdach ergaben. Er war so ein Typ: Ihm konnte es nicht schnell genug gehen, und der ganze Vorlauf, den es nach Ansicht meiner Eltern brauchte, bis Herr Stark ins Spiel kam, dauerte ihm zu lange.

Aber mein Vater war der Chef und erster Ansprechpartner, der den Anrufern das Konzept von Hormann Massiv Haus mit sonorer Stimme erläuterte und in aller Ruhe auseinandersetzte, wie viel Geld sich durch Eigenleistung einsparen ließ und dass er aus Erfahrung sprach. Er erklärte, was es mit der Rundumbetreuung auf sich habe und mit dem Ytong-Stein aus aufgeblähtem Beton, der sich passgenau zurechtsägen und kinderleicht vermauern lasse. Wenn er genug geredet hatte, reichte er den Hörer an meine Mutter weiter, die an ihrem Schreibtisch den Terminkalender aufschlug und fragte: »Wann passt es Ihnen? Ich könnte Ihnen zum Beispiel den nächsten Donnerstag anbieten.«

Dann bekamen Herr Stark und die anderen beiden Vertreter ihre Termine zugeteilt, fuhren mit Vertragsunterlagen, Prospekten, dem Ytong-Stein und anderem Anschauungsmaterial zu den Interessenten, saßen mit den Leuten auf dem Sofa und rechneten ihnen im Detail vor, wie man die Baukosten senken konnte, wenn man auf das Knowhow und die Erfahrung von meinem Vater und Hormann Massiv Haus setzte.

Im Küchenschrank wurde ein Fach mit Keksen und Knabberzeug eingerichtet, das nur für die Bauherren da war und von uns nicht angerührt werden durfte, und am Telefon ein Kippschalter installiert, mit dem sich die Leitung vom Haus ins Büro und wieder zurück legen ließ.

»Wir möchten in den nächsten zwei Stunden nicht gestört werden«, sagte meine Mutter, wenn die Bauherren-Ehepaare am Weg parkten, aus ihren Kadetts und VWs stiegen und von unseren Hunden angekläfft, beschnuppert und bis zum Büro begleitet wurden, wo sie hinter der Tür aus braungetöntem Glas verschwanden.

Für die Bauherren war es ein feierlicher Moment, der Beginn eines neuen Lebensabschnitts und nichts weniger als die Verwirklichung eines Traums, den manche bereits auf Rechenpapier vorskizziert hatten und jetzt eins zu eins umgesetzt haben wollten.

Mein Vater konfrontierte sie mit der deutschen Bauordnung und erklärte, welche Nachteile es hatte, wenn das

Schlafzimmer zwischen Küche und Gäste-WC eingeklemmt war und die Terrasse nach Norden ging, und wie sich Flächen einsparen und damit Kosten reduzieren ließen. Er entwickelte Häuser mit Satteldach und Krüppelwalm, mit Loggien, französischen Fenstern und überdachten Terrassen, bezeichnete diese Häuser als »Typen« und gab ihnen Nummern. Die Leute wählten unter den Nummern aus, äußerten Extrawünsche, und meine Mutter kalkulierte an der Rechenmaschine die zusätzlichen Kosten.

»Ist der Bauantrag für Monsees fertig?«, fragte meine Mutter beim Abendbrot.

»Geht morgen raus«, antwortete mein Vater.

»Was ist mit Gerlach?«

»Liegt noch beim Statiker.«

»Dann mach ich da morgen mal Dampf.«

Das Regal für die Aktenordner wurde verlängert und bekam oben und unten zusätzliche Bretter. Auf die Rücken der Leitz-Ordner schrieb mein Vater in sauberer Architekten-Druckschrift die Namen der Bauherren, und meine Mutter klebte – je nach Vertragsstand – rote und grüne Punkte darauf. Es ging beim Mittagessen und Abendbrot um Bauanträge, Baugenehmigungen und Baugruben, um Fundamente, Estriche und Liefertermine für Steine, den Termin für das Richtfest und um den ständigen Wettlauf gegen die Zeit, damit Fenster und Türen noch vor dem Winter eingebaut wurden, der Rohbau geschlossen und mit dem Innenausbau angefangen werden konnte. Das Rattern der Schreibmaschine im Büro war bis in die Nacht hinein zu hören.

Ich machte die Glastür zum Büro auf. Meine Eltern saßen einander gegenüber an ihren Schreibtischen. Im diffusen Licht, das die Lampe am Regal verströmte, sahen ihre Gesichter fahl und geisterhaft aus.

Ich wusste sofort, dass etwas Schreckliches passiert war, und fragte, als könnte ich damit das Gegenteil heraufbeschwören: »Habt ihr euch mit Herrn Stark wieder vertragen?«

Meine Eltern reagierten nicht, schauten nicht auf und wirkten seltsam abwesend.

»Was ist passiert?«, fragte ich. »Ist jemand gestorben?«

»Herr Stark ist tot«, antwortete mein Vater.

Meine Mutter klappte das Telefonverzeichnis zu und stand auf. »Er hat sich umgebracht.«

Beim Abendbrot rückten sie nach und nach mit den Einzelheiten heraus. Was wir nicht wussten: Herr Stark hatte nach dem Ende der Zusammenarbeit mit meinen Eltern seine eigene Firma gegründet, hatte das Logo meines Vaters kopiert, die drei Buchstaben, die zusammen ein Haus mit Spitzdach ergaben, und das Hormann-H hatte er durch ein S für Stark ersetzt und nannte seine Firma *Stark Massiv Selbstbau*. Er arbeitete nach dem Konzept meines Vaters und warb damit samstags im *Weser Kurier*.

Wie sich schon in der Zusammenarbeit mit meinen Eltern abgezeichnet hatte, versprach er den Interessenten wieder das Blaue vom Himmel, sicherte ihnen Gratiswerkzeug, Gratisschulungen und Gratishilfskräfte zu und überhaupt alles, was die Leute hören wollten, bis sie den Vertrag unterschrieben. Er kassierte die Anzahlungen und wurde von der

Polizei festgenommen, als er mit dem Geld über die Grenze in die Schweiz verschwinden wollte.

Bevor es zum Prozess kam, war er, wie sich später herausstellte, mit seinem BMW in den Wald gefahren, hatte einen Schlauch am Auspuff montiert, das Ende durch den Fensterschlitz gesteckt und den Zwischenraum abgedichtet. Dann hatte er sich hinters Steuer gesetzt und den Motor angemacht.

Ich stellte mir Herrn Stark tot hinterm Steuer seines BMW vor, vielleicht mit verrutschtem Toupet, und fragte mich, ob er in den Waldweg mit so viel Vollgas gerast war wie bei uns, dass der aufgewirbelte Staub sich auf die auberginefarbene Karosserie gelegt hatte.

»Er hatte einfach zu viel kriminelle Energie«, sagte mein Vater. Dann räusperte er sich und erklärte, wir sollten bitte alle noch sitzen bleiben. Es gebe etwas zu besprechen.

Butter, Wurst- und Käseteller wurden vom Tisch geräumt und in die Durchreiche gestellt. Mit den Aschenbechern kam ein Umschlag im DIN-A4-Format auf den Tisch, der mir schon in der Telefonnische aufgefallen war. Das Papier war gelb und mit einem Emblem bedruckt, das in schematischer Form Sonne und Meer darstellte. Mein Vater hielt den Umschlag in den Händen, als würden sich darin, wie bei Wim Thoelke, die Antworten auf alle Fragen und die Lösungen aller Probleme befinden.

»Hättet ihr Lust, nach Spanien zu gehen?«, fragte er.

»Wann?«, fragte ich.

»Vielleicht noch in diesem Jahr.«

»In den Sommer- oder den Herbstferien?« Corinna klang nicht begeistert.

»Kein Urlaub«, sagte mein Vater. »Um dort zu leben.«
Wir schauten uns an. Boris grinste spöttisch. Corinna legte den Kopf in den Nacken und schaute zur Decke, und Angela verzog skeptisch das Gesicht.

»Was sollen wir da?«, fragte Corinna.

»Ginge nicht auch Frankreich?«, fragte ich.

»Wir überlegen, dort eine Arbeit anzunehmen«, erklärte mein Vater und schüttelte einen Stoß Papiere aus dem Umschlag. Es ging um eine Ferienanlage, zweiunddreißig Apartments, die an Urlauber vermietet werden sollten. Für die Anlage wurde ein Hausmeister gesucht, idealerweise ein Ehepaar, das sich um die Bürokratie und alle anfallenden Reparaturen kümmerte.

Der Job war im Prinzip wie geschaffen für meine Eltern. Aber was war mit uns?

Angela war fein raus. Sie hatte in ein paar Monaten ihr Abitur in der Tasche, würde sowieso ausziehen und irgendwo anfangen zu studieren. Bei Boris wäre zu überlegen, ob er die Schule zwei Jahre vor dem Abitur abbrechen und in Spanien fortsetzen sollte oder ob es besser wäre und eine Möglichkeit für ihn gäbe hierzubleiben. Corinna und ich hätten in jedem Fall mitgehen.

Mein Vater stopfte die Papiere zurück in den Umschlag. »Wir müssen es nicht heute entscheiden«, sagte er. »Aber denkt einfach mal darüber nach.« Was übersetzt hieß: Gewöhnt euch schon mal an den Gedanken.

Meine Mutter stand auf und ging in die Küche. Während sie begann, Klarsichtfolie über die Wurst- und Käseteller zu breiten, fragte sie: »Und was machen wir dann mit der Mutti?«

17

Marlene ist siebzehn Jahre alt, als sie nach Abschluss der Höheren Handelsschule und ihrer Ausbildung an der Baumwollbörse ihre erste Festanstellung antritt und bei der Reederei Bischoff & Co. als Buchhalterin anfängt. Sie verdient bei einer Sechstagewoche monatlich 225 Mark. Der letzte Samstag im Monat ist frei.

Sie ist mit ihrer Mutter und ihrer Schwester auf die andere Seite des Bahnhofs in eine Dreizimmerwohnung im Arbeiterbezirk Findorff gezogen. Das Mehrfamilienhaus in der Goesselstraße ist im Zuge des ersten Aufbauprogramms in aller Eile hochgezogen worden. Marlene und Ingeborg haben nun beide ein eigenes kleines Zimmer, die Mutter schläft im Wohnzimmer auf der Couch. Es gibt eine winzige Küche, ein fensterloses Bad, einen Trockenboden für die Wäsche und einen Kohlenkeller. Die Räume sind mit den niedrigen Decken im Winter leicht warm zu kriegen. Bei der Vermittlung hat wieder einmal Herr Zander geholfen, der Freund und Kollege des verstorbenen Vaters. Seit sieben Jahren ist er nun tot. Sein gerahmtes Foto hängt im Wohnzimmer über der Schlafcouch, der Gang zum Friedhof und die Grabpflege sind eine Routine, die von Ingeborg und Marlene auch dann aufrechterhalten wird, wenn die Mutter zu müde ist und mürrisch erklärt, das Wetter sei zu schlecht und sie hätte keine Lust, auf den Riensberger Friedhof rauszufahren.

Trotz aller Annehmlichkeiten in der Goesselstraße und der Möglichkeit, die Tür hinter sich zuziehen zu können und sich Bad und WC mit keinen fremden Menschen teilen zu müssen, trauern Marlene und Ingeborg manchmal dem Steintorviertel, dem Bürgerhaus Außer der Schleifmühle und dem Zimmer mit dem knarrenden Parkett nach, in dem der Vater einst Decken als Raumteiler aufhängte und sie mit einem Hund überraschte.

Die Kindheit ist vorbei. Marlene trägt mit ihrem Gehalt zum Familieneinkommen bei, wie die Mutter es erwartet und angeordnet hat, und folgt dem Beispiel ihrer älteren Schwester Ingeborg, die nach ihrer Lehre weiter bei Bauermann als Verkäuferin in der Damenoberbekleidung arbeitet. Das »gnädige Frau« geht Ingeborg ganz selbstverständlich über die Lippen, Konfektionsgrößen und Oberweiten kann sie auf den ersten Blick einschätzen. Die eigene Garderobe bessern die Schwestern mithilfe der Nähmaschine auf, die ihnen Frau Storch aus dem ersten Stock zum Abschied vermacht hat, als sie aus der Schleifmühle auszogen – wobei Marlene sich beim Nähen und Ändern als die Geschicktere erweist. Sie näht für sich und Ingeborg Blusen, Hosen und Röcke und für den Abschlussball zwei elegante Ballkleider.

Ihre Zukunft scheint klar vorgezeichnet: Sie werden beide heiraten und Kinder bekommen. Das ist das Ziel, das beide nicht infrage stellen. Bis es so weit ist und ihr Dasein als Ehefrau und Mutter beginnt, sind Ingeborg und Marlene mit der Mutter drei berufstätige Frauen, die keine großen

Sprünge machen können, aber zurechtkommen. Einen Mann, der ihnen sagt, wo es langgeht oder was sie zu tun oder zu lassen haben, brauchen sie nicht, kennen sie nicht und vermissen sie auch nicht.

Bei der Mutter stellt sich nach dem Krieg, der Flucht und dem Verlust von Besitz und allen Sicherheiten das Gefühl ein, dass sie als Frau von inzwischen Mitte fünfzig zum ersten Mal vorsichtig durchatmen könne. Die Kinder sind zwar manchmal noch wahre Backfische, aber aus dem Gröbsten raus. Wenn sie alle miteinander vernünftig sind, werden sie sich materiell langsam, aber sicher immer besserstellen. So hat die Mutter es sich ausgerechnet, und so erlebt sie es ja auch schon. Sie kann sich ein wenig zurücklehnen, hier und da etwas von der Verantwortung abgeben, und wenn es nach ihr ginge, könnte es eine Zeit lang einfach so weitergehen.

Marlene erledigt im Büro ihre Arbeit und entwickelt Ehrgeiz, wenn es darum geht, den Fehler in den Buchungen zu entdecken, den niemand sonst findet. Sie ist bei den Kollegen beliebt und gehört wieder – wie schon in der Schule und in der Ausbildung – auch hier in der Abteilung zu den Besten. Sie ist stolz darauf, sie will es so – und gleichzeitig macht sie sich darüber und über sich selbst lustig.

Das Thema ist längst vom Tisch, und es wird auch nicht mehr darüber gesprochen: Trotzdem weiß Marlene, dass sie das Abitur vermutlich ohne große Anstrengung geschafft hätte und ihr ganz andere Möglichkeiten offenstehen würden und damit auch ein anderes Leben. Die Möglichkeit war für einen kurzen Moment zum Greifen nahe gewesen. Nun büffeln ihre ehemaligen Klassenkameradinnen für das

Abitur, schmieden Zukunfts- und Berufspläne wie ihre beste Freundin Heidi, die zum Lehramtsstudium nach Heidelberg gehen will. Marlene ist einmal mehr entschlossen, das Beste aus ihren Möglichkeiten zu machen, und überzeugt, dass das Leben mehr für sie bereithalten wird als nur die kleine Variante, mit der sich zum Beispiel Karin aus der ehemaligen Nachbarschaft im Steintorviertel zufriedengibt, die sich tatsächlich entschließt, einen Straßenbahnschaffner zu heiraten.

Ein Mann, der keinen Hehl daraus macht, dass ihm die Welt offensteht, ist Hugo. Er tauchte schon in der Baumwollbörse regelmäßig bei Marlene in der Abteilung auf, obwohl er als Makler bei den Buchhaltern überhaupt nichts zu suchen hat. Er ist kein Erbsenzähler wie die Kollegen, sondern Geschäftsmann, fährt ein Mercedes-Cabriolet, trägt Hosen aus Gabardine und Kamelhaarmantel und handelt mit Baumwolle, die in riesigen Ballen aus der ganzen Welt in Bremen anlandet. Er lädt Marlene ins ›Astoria‹ ein, schenkt ihr zum achtzehnten Geburtstag ein goldenes Feuerzeug und schaut garantiert immer dann bei ihr in der Abteilung vorbei, wenn sie nicht mit ihm rechnet, und garantiert nie, wenn sie es hofft oder erwartet.

Siegfried dagegen wartet zuverlässig zur Feierabendzeit Camel rauchend unten an der Wachtstraße. Er sieht immer noch aus wie ein Künstler – wenn auch nicht mehr so vernachlässigt, seit Marlene ihm die Knöpfe annäht, die Kragen erneuert und die Löcher in seiner Strickjacke stopft. Sie bestärkt ihn, mit seiner schönen Stimme Opernsänger zu werden, und findet heraus, wann es im Theater am Goetheplatz Termine zum Vorsprechen und Vorsingen gibt.

Siegfried baut für Marlene ein Regal, in das sie ihre Bücher stellen kann, und träumt davon, den Führerschein zu machen und ein Auto zu kaufen, am besten einen Opel Caravan Kombi, in dem er Bretter und Baumaterial transportieren kann, das er jetzt mit der Straßenbahn herbeischaffen muss, und ist entschlossen, falls es mit dem Singen nicht klappt, die Maurerlehre zu beenden und den Beruf des Bauzeichners zu erlernen.

Siegfrieds Mutter glaubt, dass Marlene – nach allem, was sie über das Mädchen weiß – genau die Richtige für ihren Sohn sein könnte, vielleicht sogar seine Rettung, und bittet die junge Dame zum Abendessen.

Während Siegfried in der Wohnküche mit seinem Vater und Geschwistern Steckrüben isst, darf Marlene mit seiner Mutter im Zimmer nebenan im weichen Sessel sitzen, feinen Heringsalat und zarten Schinken speisen, wird für ihre guten Manieren gelobt und erfährt, dass sie mit ihren schwarzen Haaren und den braungrünen Augen auf den ersten Blick jüdisch wirke. Siegfrieds Mutter findet, dass Sartre und Dostojewksi für ein Mädchen in ihrem Alter nicht die richtige Lektüre seien und sie ungeachtet dessen einen guten Einfluss auf Siegfried habe, der sonst oft antriebslos und grundlos niedergeschlagen gewirkt habe und beim Geigespielen ohnmächtig wurde.

Am Ende der Unterhaltung ist Siegfrieds Mutter überzeugt: Wenn Marlene sich nicht entschließen kann, ihren Sohn zu heiraten, wird der Junge sich etwas antun.

Marlene findet es seltsam, mit Siegfrieds Mutter allein am Tisch zu sitzen, während die Familie nebenan ausgesperrt ist, und fühlt sich gleichzeitig geschmeichelt – auch wenn sie mit dieser Frau, ihren kategorischen Ansichten und ihrem Hang zur Dramatik nicht viel anfangen kann. Sie beschließt, den Besuch und das Tischgespräch nicht allzu ernst zu nehmen, und wird mit einer weiteren Einladung konfrontiert: Ein Cousin zweiten Grades, der nach Amerika ausgewandert ist und in Chicago den Beruf des Schlachters erlernt, ist zum ersten Mal wieder zu Besuch in Deutschland, und Marlenes Mutter will ihm mit ihren beiden Töchtern ihre Aufwartung machen.

Marlene und Ingeborg haben nur vage Erinnerungen an Helmut, den sie zuletzt sahen, als sie noch Kinder waren. Er zog Ingeborg an den Haaren und war damals überhaupt sehr dumm gewesen. Das ist lange her. Sie würden also mit der Mutter den Eilzug nach Twistringen besteigen, Helmut und seine Familie wiedertreffen, zusammen Kaffee trinken und auch diesen Nachmittag rumbringen.

Doch dann sind sie überrascht. Helmut ist inzwischen ein gutaussehender Mann von Anfang zwanzig und voller Tatendrang. Er zeigt Fotos von Wolkenkratzern und dem Lake Michigan, der so groß ist, dass man glauben könnte, es sei das Meer. Er erzählt, wie schön das Leben in Amerika und Chicago sei und ganz anders als in Deutschland und Bremen, weil die Menschen drüben wahnsinnig freundlich seien und die Möglichkeiten groß.

Ingeborg hört aufmerksam zu, ist beeindruckt von den Fotos, den Erzählungen und von Helmut selbst und bereit, ihn ein zweites Mal zu treffen. Im Café Knigge in der Soegestraße lässt Helmut keinen Zweifel daran, dass Ingeborg mit ihren blauen Augen, den blonden Haaren und ihrer Herzlichkeit seine Traumfrau ist. So etwas habe noch nie jemand zu ihr gesagt, berichtet Ingeborg hinterher ihrer Schwester. Wie er ihr dabei in die Augen geschaut und nach ihrer Hand gegriffen hat, gefällt ihr.

Als er Ingeborg beim Abschiedstreffen küsst und sagt, sie solle mitkommen nach Chicago, sie würden sich drüben gemeinsam ein Leben aufbauen, lacht sie. Die Vorstellung ist so aufregend wie absurd. Wie soll das gehen? Soll sie einfach alles stehen und liegen lassen? Doch sie verspricht, über seinen verrückten Plan nachzudenken, in aller Ruhe, und ihm Bescheid zu geben, wenn sie zu einer Entscheidung gekommen ist.

»Na?«, neckt Marlene ihre Schwester. »Verliebt?«

Und die Mutter seufzt: »Wo die Liebe hinfällt.«

In der Stunde vor Helmuts Abflug wird Ingeborg bei Bauermann von ihrer Abteilungsleiterin tadelnd gefragt: »Fräulein Wiese, wo sind Sie bloß mit Ihren Gedanken?« – und plötzlich weiß Ingeborg, was zu tun ist. Sie bittet, im Büro ausnahmsweise das Telefon benutzen zu dürfen, und weil sie sich anhört, als ob ihr zukünftiges Leben davon abhängt, bekommt sie die Erlaubnis.

Sie ruft am Bremer Flughafen an und schafft es, dass Helmut kurz vor seinem Abflug ausgerufen wird. Ingeborgs Entschluss steht fest.

»Hast du dir das auch gut überlegt?«, fragt die Mutter prüfend, und Marlene stellt so bewundernd wie wehmütig fest: »Dann bist du ja bald eine verheiratete Frau und gar nicht mehr unsere Inge-Maus!«

Ingeborg schleppt am Tag vor ihrer Abreise den gepackten Koffer zum Gemüsehändler und hievt ihn auf die große Waage, um sicherzugehen, dass sie am Flughafen keine böse

Überraschung erlebt und Übergepäck bezahlen muss. Sie hat nur ihr Erspartes und das Geld, das Helmut ihr für den Flugschein geschickt hat, und will beim Start in ihr neues Leben unnötige Kosten vermeiden.

Drei Wochen nach ihrer Abreise – im Kino am Rembertiring läuft *Der Arzt von Stalingrad* und *Immer die Radfahrer* mit Heinz Erhardt – landet im Briefkasten in der Goesselstraße das erste Lebenszeichen von Ingeborg mit ihrem neuen Absender in Chicago: 5116 West Nelson Street.

In ihrer ausladenden Handschrift gibt Ingeborg auf dünnem Luftpostpapier bekannt, dass Helmut tatsächlich der Mann ihres Lebens sei und sie heiraten wollen, und zwar so schnell wie möglich, vermutlich schon im kommenden Monat.

Oma Lydia mahnt in ihrem Antwortbrief, auch in schlechten Zeiten immer zueinander zu stehen, dann ließe sich alles leichter ertragen. Sie bedauert aufrichtig, dass sie an diesem großen Tag nicht dabei sein kann, und bittet um Fotos, die sie den Nachbarn und den Zanders zeigen kann. Abschließend erteilt sie ihren mütterlichen Segen und fügt hinzu, auch sonst seien die Zeiten gerade »sehr bewegt«.

Wenige Tage zuvor ist passiert, was sie schon hat kommen sehen und insgeheim befürchtet hat: Siegfried hat um Marlenes Hand angehalten. Zwar hat er sich die Sache mit dem Opernsänger wohl inzwischen aus dem Kopf geschlagen, nachdem ihm beim Vorsingen die Stimme wegblieb, und absolviert nun nach der Maurerlehre das Technikum. Doch im Vergleich zu Helmut in Amerika, der es drüben bereits zu einer Zweizimmerwohnung und einem eigenen Auto gebracht hatte, ist Siegfried ein Habenichts. Aber der

Sekt steht schon bereit, und Marlene ist sich sicher, das Richtige zu tun.

Die Mutter bietet ihrem zukünftigen Schwiegersohn nicht das Du an und sagt: »Wenn ihr unbedingt in euer Unglück rennen wollt – bitte.«

Es ist der erste feierliche Anlass, bei dem Ingeborg fehlt. Sie schickt aus Amerika umgehend eine Glückwunschkarte und legt ihren guten Wünschen zehn Dollar bei. Für das Geld kauft Marlene Frotteehandtücher, ein japanisches Konfektkörbchen und dunkelroten Samt, aus dem sie sich für die Verlobungsfeier ein enganliegendes Kleid näht, zu tragen mit einem Korsett, kleinste Größe.

Noch vor der Hochzeit lädt Siegfried in der Bardenflethstraße seine Habseligkeiten auf einen Handwagen, hievt ihn in die Straßenbahn und zieht bei Marlene und ihrer Mutter in der Goesselstraße ein. Er tapeziert mit Marlene die beiden kleinen Zimmer und rückt so lange Möbel, bis zwischen Bett und Kleiderschrank sogar noch Platz für die Nähmaschine ist. Für den zweiten Raum, das Wohnzimmer, baut Siegfried, passend zum Bücherregal, eine niedrige moderne Liege als Sitz- und zusätzliche Schlafgelegenheit.

Von Ingeborgs Hochzeitsgeschenk, einem großzügigen Scheck, kaufen sie einen höhenverstellbaren Tisch, auf dem die Obstschale – ebenfalls ein Geschenk von Ingeborg – gut zur Geltung kommt, und schaffen im Küchenschrank Platz für das Kaffeeservice von Rosenthal, das die Mutter gestiftet hat – das gleiche, das auch Ingeborg bekommt und gut verpackt mit einer Zollerklärung nach Amerika losgeht. Außerdem schaltet die Mutter im *Weser Kurier* eine Anzeige, in der sie die Doppelverlobung ihrer beiden Töchter in Bremen und Chicago bekannt gibt. Sie ist stolz, und gleichzeitig kämpft sie gegen ein Gefühl, das ihr manchmal wie Galle hochkommt: dass für Marlene und Ingeborg viel schneller, als sie gedacht hätte, ein neues Leben anfängt und sie selbst nach all den Schwierigkeiten und Entbehrungen wieder einmal allein zurückbleibt. Bis es in einem Wutanfall, bei einem nichtigen Anlass, aus ihr herausbricht: Das Resultat ihrer Erziehung sei wohl, dass es für ihre Töchter, und zwar für alle beide, die Hauptsache sei, einen Mann zu haben.

Marlene verzichtet auf Widerworte, strengt sich doppelt an, eine gute Tochter zu sein und die Lücke zu füllen, die ihre patente Schwester hinterlassen hat. Sie übernimmt das Putzen, schält Kartoffeln, backt Kuchen und ist – wie sie Ingeborg im Vertrauen schreibt – seit ihrer Abreise ganz still geworden.

Ingeborg gibt Helmut in Chicago bereits das Ja-Wort, als Marlene mit ihrer Mutter noch die Bremer Innenstadt nach einem Brautkleid abklappert und im Spitzenhaus Hilmers fündig wird. Das Kleid ist aus Tüll, hochgeschlossen, mit langem Arm, einem Bolero aus Spitze und kostet 186 Mark – also drei Viertel von dem, was Marlene monatlich bei der Reederei Bischoff als Buchhalterin verdient.

Sie lässt das Kleid auf Knielänge kürzen, damit es nicht so plump aussieht. Weil sie jetzt pleite ist, muss sie notgedrungen ihre alten »Kackstelzen« anziehen, die mit sechs Zentimeter hohen Absätzen für ihren Geschmack zu niedrig sind. Das Hochzeitsfest mit etwas mehr als dreißig Personen findet unter Lampions im Garten der Schwiegereltern in Bremen-Grolland statt.

Siegfried und Marlene treten die Hochzeitsreise mit dem Nachtzug nach München an, wo sie sich am Morgen im Hofbräuhaus ein Weißwurstfrühstück leisten, am Vormittag den Viktualienmarkt und den Marienplatz besichtigen und danach weiterreisen, zum ersten Mal ins Ausland, nach Österreich.

Sie quartieren sich in Salzburg in einer Pension am Alten Markt ein, besichtigen Mozarts Geburtshaus und sitzen bei strömendem Regen bis tief in die Nacht im Kaffeehaus.

Am darauffolgenden Tag, bei der Weiterfahrt nach Kärnten, reißt der Himmel auf. Bei strahlendem Sonnenschein sehen sie durchs Zugfenster zum ersten Mal richtige Berge, nackte Felsen, tiefe Schluchten, weite Täler und Wälder. Sie erreichen ihr Ziel, Arnoldstein, mieten sich in einer Pension ein und gehen gleich am ersten Tag auf Entdeckungsreise. Sie fahren an einen Bergsee und unternehmen Wanderungen.

Das schönste Erlebnis, schreibt Marlene an ihre Schwester, sei der Aufstieg zur Alm gewesen: vier Stunden Fußmarsch bei 35 Grad im Schatten. Sie sei nur in ihrer Corsage und Shorts gegangen, sonst hätte sie es gar nicht ausgehalten. Oben angekommen, in einer Höhe von 1800 Metern, dann die Belohnung, das Dreiländer Eck, wo Jugoslawien, Italien und Österreich aneinanderstoßen.

Sie legt dem Brief ein Foto bei – das erste, seit sie sich zuletzt gesehen haben: Marlene in Shorts und Corsage auf einer Wiese, umgeben von gelb blühenden Schlüsselblumen.

18

*der Kalender der klugen Hausfrau — le calendrier
de la ménagère intelligente
ein dunkelblaues Schmuckkästchen — une boîte à bijoux
bleu foncé
sich auf den Hosenboden setzen — commencer à bosser*

Die Briefe kamen auf den Tisch. Meine Mutter stellte die Herdplatte klein, setzte sich und zündete sich eine Zigarette an, während Oma Lydia ihre Lesebrille auf der Nase zurechtrückte.

Nur das Brodeln vom Reis im Kochbeutel war zu hören und das Knistern des Papiers, wenn ein dünner Bogen aus dem Umschlag mit den roten und blauen Luftpost-Rauten geholt, auseinandergefaltet, umgedreht und beiseitegelegt wurde. Oma Lydia las den Brief, den Tante Ingeborg an meine Mutter geschrieben hatte, und meine Mutter, was Tante Ingeborg an Oma Lydia berichtete. Auf mehreren DIN-A5-Seiten, bedeckt mit Tante Ingeborgs ausladender Handschrift, ging es in Schleifen um Geburtstagsfeiern, Zeugnistage, Arbeitsschichten, Schnupfen, Neuanschaffungen und ein Leben in Amerika, in dem mein Cousin und meine Cousine Jason und Kitty mit sechzehn ihren Führerschein machten, nach Schulschluss und am Wochenende im Supermarkt jobbten, wo sie den Kunden die Einkäufe in Tüten packten und zum Auto schleppten und, wenn sie Glück hatten, Trinkgeld bekamen, was dort *tip* hieß.

Außer Oma Lydia war noch keiner von uns vor Ort gewesen, und trotzdem war uns das Haus an der Midway Road ganz vertraut von den Fotos, die Tante Ingeborg zuverlässig nach Geburts- und Feiertagen in Hochglanz beilegte. Vielleicht lag es an der anderen Farbigkeit, am Vorgarten, der durch keinen Zaun begrenzt wurde, oder an der glatt geteerten Auffahrt, der schneeweißen Holzfassade und den roten Schindeln auf dem Dach, dass mir die Welt dort drüben, im Vorort von Chicago, sieben Zeitzonen entfernt, viel geordneter, heller und lichter vorkam als unser Durcheinander aus Jägerzaun, Holzverkleidungen und kiesbestreuten Platten auf den matten Abzügen von Foto Fuchs in der Bahnhofstraße.

Irgendwann, sagte meine Mutter, den Blick melancholisch auf die Zucker-, Mehl- und Salzdosen gerichtet, würde sie auch rüberfliegen und sich nach über zwanzig Jahren anschauen, wie ihre Schwester lebte mit ihren flauschigen Teppichen in *family*- und *livingroom* und Freundinnen, die Lilly, Milly und Mizzy hießen. Aber gleichzeitig war klar, dass die Reise so viel Geld verschlingen würde, dass die gesamte Familie dafür in Halbpension an den Schluchsee oder ins Kleinwalsertal fahren könnte, und dann würden alle profitieren.

Außerdem hatte Tante Ingeborg in der Regel auch schon ihre nächste Deutschlandreise gebucht und von dem bezahlt, was sie in der Drogerie und Onkel Helmut in der

Metzgerei verdiente und sich zurücklegte. Auch wenn es so direkt niemand aussprach, wurde genau das auch erwartet – zumindest von Oma Lydia. Vielleicht war die Neugier meiner Mutter auf Amerika, Chicago und den Vorort auch nicht so groß wie die Sehnsucht von Tante Ingeborg nach ihrer Mutter, ihrer Schwester, Nordsee, Fischbrötchen und Bratwurst, die auf Dauer nicht gestillt werden konnte durch die Schlagermusik der »deutschen Stunde« im Radio, die Tante Ingeborg regelmäßig beim Putzen hörte, während Onkel Helmut die Abflugzeiten der Lufthansa auswendig kannte und aus dem Haus rannte, wenn die Maschine in der Ferne über den Lake Michigan donnerte, um einen Blick auf das Flugzeug mit dem blauen Kranich zu erhaschen, bevor es Richtung Frankfurt in den Wolken verschwand.

»Sechster April?« Meine Mutter ließ überrascht den Briefbogen sinken. »Mir schrieb sie, am Vierten.«

Papier raschelte, Daten wurden verglichen. Der Brief an Oma Lydia war der aktuellere. Aber warum nahm Tante Ingeborg keinen Bezug darauf, dass sie im Brief an meine Mutter eine andere Angabe gemacht hatte?

Trotz eines Restzweifels markierte meine Mutter den Sechsten als neuen Ankunftstag und strich im Kalender der klugen Hausfrau die vorherige Angabe mit dem Vierten durch. Ankunft 16.10 Uhr mit der Lufthansa aus Frankfurt.

»Wie viel Zeit hat sie zum Umsteigen?« Meine Mutter rührte im Topf, um das Frikassee vor dem Anbrennen zu bewahren.

Ich suchte die Stelle im Brief. »Ankunft Frankfurt: 13.10 Uhr. Abflug nach Bremen: 15.15 Uhr.«

»Na, die wird müde sein.« Oma Lydia machte ein wissendes Gesicht.

»Sie hat also zwei Stunden zum Umsteigen«, sagte ich.

»Zwei Stunden?« Den Kochlöffel in der Hand, schaute meine Mutter auf die Küchenuhr, als wäre Tante Ingeborg in diesem Moment in Frankfurt und würde zum Flugzeug nach Bremen hetzen. »Das schafft sie. Doch, das schafft sie auf jeden Fall.«

»Wenn ihre Maschine aus Chicago nicht wieder Verspätung hat«, gab Oma Lydia pessimistisch zu bedenken. »Dann sind wir alle geliefert.«

Wie beim letzten Besuch vor eineinhalb Jahren, als Tante Ingeborg nicht in der angegebenen Maschine war und die Frau vom Bremer Flughafen an ihrem Informationsschalter weder sagen konnte, ob die Maschine aus Chicago in Frankfurt gelandet war, noch ob Tante Ingeborg auf der Passagierliste für den nächsten Flug aus Frankfurt stand.

Drei Stunden saßen wir im Flughafencafé unter den Lampen mit Zebramuster, bestellten Kaffee, Cola und Streuselkuchen, und meine Mutter sagte bei jeder Tasse Kaffee und jeder Zigarette: »In der nächsten Maschine ist sie. Ich bin mir ganz sicher.«

Aber Oma Lydia hörte gar nicht hin, legte nur unruhig die Blumen von einer Stelle auf die andere, knisterte mit der Folie und hatte einen Ausdruck in den Augen, als hätte sie Angst, dass sie ihre Tochter nie wiedersehen würde.

Als wir uns zum zweiten Mal auf der Besucherterrasse einfanden und endlich die Maschine aus Frankfurt im Anflug war, hielten wir alle den Mund und beobachteten stumm, wie das Flugzeug mit den Hinterrädern auf der

Landebahn aufsetzte, vorne mit der Nase runterkam, an Tempo verlor und aus unserem Blickfeld verschwand. Dann näherte sich die Maschine mit dröhnenden Motoren im Schneckentempo von der anderen Seite dem Flughafengebäude und dem Lotsen mit den Mickymäusen auf dem Kopf, der, in jeder Hand eine Kelle, mit den Armen ruderte, bis der Vogel vor der Besucherterrasse zum Stillstand kam und der heiße Wind, der uns um die Ohren pustete, und der Lärm nachließen.

Gepäckwagen und Tanklaster kurvten um das Flugzeug herum, die Rolltreppe fuhr heran, die Tür ging auf, und die Stewardess in kuckucksblauer Uniform schaute heraus.

Meine Mutter holte die Pocket aus der Tasche und fragte: »Ist sie das?«

Nein, sie war es nicht.

Wir warteten und warteten, bis niemand mehr kam, und konnten es nicht fassen. Ich dachte, ich heule gleich, und Oma Lydia, die mit versteinerter Miene durch das Gitter starrte, war ganz gelb im Gesicht.

Dann kam sie. Nicht zu schnell, immer mit der Ruhe. Auf der Rolltreppe, das Handgepäck über der Schulter, lachte sie genau so, wie wir sie in Erinnerung hatten, und winkte, bis sie unterhalb der Besucherterrasse im Flughafengebäude verschwand.

Wir rannten die Treppe hinunter, am Zebra-Café vorbei, und rasten in die Ankunftshalle, um nicht den Moment zu verpassen, wenn sie durch die Schiebetür kam, und Oma Lydia keuchte: »Hoffentlich ist ihr Gepäck mitgekommen.«

Die Briefbögen wurden zurück in die Umschläge gestopft, und meine Mutter holte aus einer kleinen Tüte ein flaches blaues Kästchen hervor.

Oma Lydia starrte überrascht auf den goldenen Schriftzug von Juwelier Graf und setzte eine empörte Miene auf, wie immer, wenn sie mit etwas Unvorhergesehenem konfrontiert war.

»Ich dachte«, sagte meine Mutter in einem fast entschuldigenden Ton und klappte das Schmuckkästchen auf, »das könnte Jason vielleicht gefallen.«

Ich wusste, dass der achtzehnte Geburtstag von meinem Cousin wenige Wochen nach meiner Konfirmation bevorstand und in Amerika groß gefeiert werden sollte. Der Plan war, Tante Ingeborg etwas für ihn mitzugeben und so den unsicheren Postweg zu umgehen. Aber ich hatte keine Ahnung gehabt, dass es um das Geschenk ging, als meine Mutter gestern zu Graf gefahren war. Ich ging davon aus, dass sie die Ringe zum Polieren bringen wollte, den Aquamarin, den Smaragd und den Rauchtopas, die vom Prilwasser ganz stumpf geworden waren. Das Projekt sollte unbedingt noch vor meiner Konfirmation angegangen werden. Ich selbst hatte meine Mutter daran erinnert.

Es solle etwas Bleibendes sein, sagte meine Mutter, als eine silberne Kette zum Vorschein kam, mit einem Stier als Anhänger, dem Sternzeichen meines Cousins. Etwas, das Jason immer bei sich trage, nahe am Herzen, und das ihn an seine Tante und seine Verwandtschaft in Deutschland erinnere.

Ich konnte mich nicht erinnern, dass in den Briefen von Tante Ingeborg jemals von einer Kette mit Anhänger die

Rede gewesen war oder dass mein Cousin einen entsprechenden Wunsch geäußert hätte. Ich an seiner Stelle würde mich jedenfalls nicht trauen, mit einer Kette behängt in die Schule zu gehen, aber vielleicht waren die Amerikaner da anders.

Was mich mehr irritierte, war der Kostenpunkt, die drei Ziffern, die Herr Graf handschriftlich auf die Quittung gekritzelt hatte und die halb zerknüllt in der Tüte lag. Es war mehr als das, was meine Mutter in Worpswede als Strickhonorar für einen Pullover bekam, und ziemlich genau die Hälfte von dem, was dringend für meinen Frankreichaufenthalt überwiesen werden musste. Herr Grüneweg hatte mich schon zum zweiten Mal darauf angesprochen. Genauer gesagt hatte er nicht gesprochen, sondern quer durch die Pausenhalle gerufen: »Daniel Hormann!« – und war mir hinterhergelaufen, als ich versuchte, ihm aus dem Weg zu gehen.

Wenn ich, wie er gesagt hatte, von der Frankreichfahrt ausgeschlossen werden musste und nicht mitfahren durfte, weil das Geld fehlte, würde ich mit den Leuten auf einer Stufe stehen, deren Eltern kein Geld für Adidas-Schuhe hatten und die sich in ihrer Not auf ihre Billig-Turnschuhe den dritten Streifen mit Edding malten. Diese Gleichsetzung war für mich schlimmer als die Aussicht, Jean-Philippe nicht wiederzusehen.

Oma Lydia ließ die Kette mit dem filigranen Anhänger durch ihre Finger gleiten, nickte bewundernd, als hätte sie noch nie etwas so Schönes gesehen, und sagte anerkennend: »Wunderbar, Marlene. Ganz wunderbar.«

Die Kette war in ihren Augen nicht nur ein schönes Geschenk, sondern auch ein Indiz dafür, dass unsere finanzielle Situation wohl doch nicht so katastrophal war, wie sie insgeheim befürchtet hatte und es ihr immer wieder schlaflose Nächte bereitete. Ich dagegen ärgerte mich in diesem Moment, dass für meinen Cousin so viel Geld ausgegeben wurde und meine Frankreichreise genauso hintangestellt wurde wie meine Konfirmation, bei der das festliche Mittagessen im Restaurant bereits gestrichen und die Gästeliste auf das Allernötigste reduziert worden war – und damit meine Einnahmequellen. Wenn es bei den Finanzen offensichtlich eine stille Reserve gab, stand mir etwas davon zu, und das hatte nach meinem Empfinden auch gar nichts mit dieser Anspruchshaltung zu tun, die wir angeblich hatten und von der wir uns mal schleunigst zu verabschieden hätten.

In diesem Moment war es mir auch scheißegal, dass wir klare Anweisung erhalten hatten, gegenüber Oma Lydia keine vermeintlich lustige Bemerkung zum Kuckuck an Klavier und Fernseher zu machen und uns auch nicht über die unausgegorenen Spanien-Hausmeisterpläne auszulassen.

»Ich wollte noch mal sagen«, begann ich beiläufig. »Die Kohle für Frankreich muss dringend überwiesen werden.«

Meine Mutter starrte mich sekundenlang an. Ich hielt ihrem Blick stand.

»Welches Geld für Frankreich?«, fragte Oma Lydia in die Stille hinein.

Meine Mutter sah aus, als bräuchte sie eine Kopfschmerztablette. War ihr dieser Posten, diese für mich so wichtige Angelegenheit tatsächlich durchgerutscht?

»Gut, dass du es ansprichst«, sagte sie kühl. »Ich wollte es dir schon die ganze Zeit sagen.« Die Ruhe, mit der sie die Kette zurück ins Kästchen legte, machte mich misstrauisch.

»Soll ich Frankreich absagen?«, fragte ich. Der Gedanke war so absurd, dass ich es ruhig aussprechen konnte.

»Genau das sollst du«, sagte meine Mutter.

»Absagen?«, fragte ich ungläubig. »Meinen Frankreichaufenthalt?«

Oma Lydia schaute überrascht und gleichzeitig empört zwischen meiner Mutter und mir hin und her.

»Du weißt auch, warum.« Meine Mutter stand auf, nahm den Kochlöffel und trat an den Herd.

»Ich habe keine Ahnung«, sagte ich laut. »Ich meine nur: Wenn Jason eine Kette kriegt, ist es doch nur gerecht –«

»Mit der Kette hat es überhaupt nichts zu tun«, schnitt meine Mutter mir das Wort ab. »Darf ich dich erinnern? Du hast einen blauen Brief bekommen.« Sie hämmerte mit dem Kochlöffel auf den Topfrand – das Signal, dass das Essen nun fertig sei. »Deine Versetzung ist gefährdet. Also: Nutz die Zeit, und setz dich zur Abwechslung mal auf den Hosenboden. Du musst mindestens von einer Fünf runterkommen. Du hast genug zu tun.«

Oma Lydia nickte – überzeugt, dass es richtig sei, auch bei mir einmal andere Saiten aufzuziehen.

Ohne mich anzuschauen, fügte meine Mutter hinzu: »Jetzt deck bitte den Tisch. Wir sind fünf.«

19

Marlene wird im ersten Jahr ihrer Ehe von rätselhaften Bauchschmerzen heimgesucht, die der Arzt als »nervöses Leiden« diagnostiziert und ab sofort strikte Bettruhe verordnet.

Siegfried tut nun all das, was sonst Marlene getan hat, stellt morgens, bevor er in den Dienst geht, das Frühstück bereit, erledigt nach Feierabend den Einkauf und richtet das Abendbrot, bis es Marlene wieder etwas besser geht und sie so weit hergestellt ist, dass sie aufstehen kann und schließlich wieder zur Arbeit geht.

Dass sie den Haushalt mit links macht, kann niemand behaupten, auch sie selbst nicht. Zwar hat sie in der Mittagspause schon eingekauft, wenn sie gegen 19 Uhr – zeitgleich mit Siegfried – aus dem Büro kommt, aber dann muss sie erst das Abendbrot richten und nach dem Essen, wenn Siegfried entspannen kann, für den nächsten Tag vorkochen, denn Siegfried nimmt sich – wie alle verheirateten Männer in der Oberfinanzdirektion – sein Mittagessen von zu Hause mit, statt mit den unverheirateten Kollegen in die Kantine zu gehen. Bis sie den Abwasch erledigt, die Küche aufgeräumt hat und todmüde ins Bett fällt, geht es meistens auf Mitternacht zu.

Siegfried bestärkt Marlene beim Vorhaben, es mit der

Arbeit im Büro ruhiger angehen und dort auch mal fünfe gerade sein zu lassen. Zumal ihr Gehalt bei der Reederei Bischoff & Co in den vergangenen zwei Jahren von anfangs 225 auf 250 und zuletzt mickrige 275 Mark geklettert ist – und das auch erst, nachdem sie zwei Mal beim Chef vorstellig werden musste. Beide Male war sie fest entschlossen gewesen zu kündigen, und jedes Mal hat sie sich mit den kleinen Gehaltserhöhungen und großen Komplimenten für ihre hervorragende Arbeit und ihr allseits geschätztes Wesen zum Bleiben überreden lassen. Aber am Zehnstundentag, der Sechstagewoche und den kurzen Wochenenden hat sich nichts geändert. Und der einzige freie Samstag im Monat wird auch noch ersatzlos gestrichen, sobald in der Abteilung jemand krankfeiert, wie zuletzt Marlene.

Nach zweieinhalb Jahren bei der Reederei Bischoff & Co kündigt sie ihre erste Festanstellung, die sie nach der Ausbildung angenommen hat, fristgerecht zum Ende des Jahres 1959, ohne eine neue Stelle in Aussicht zu haben, und lässt sich dieses Mal auch nicht von ihrem Chef zum Bleiben überreden.

Sie ist neunzehn Jahre alt, als ihr die Krankenkasse eine vierwöchige Kur im Genesungsheim Pfaffenberg in Bad Sachsa im Südharz bewilligt. Sie soll bei guter Luft spazieren gehen, viel liegen und sich mit diesem Programm von den inzwischen chronischen Bauchschmerzen kurieren. Zum ersten Mal seit ihrer einjährigen Ehe sind Marlene und Siegfried für mehrere Wochen voneinander getrennt.

Der Tagesablauf beim Kuraufenthalt ist streng geregelt: Um acht Uhr aufstehen, frühstücken und danach liegen. Um 13 Uhr Mittagessen, anschließend Mittagsruhe, danach spazieren gehen. Marlene schreibt Briefe und berichtet ihrer Schwester in Amerika, das Essen sei saumäßig: jeden Tag Suppe und Eintopf im Wechsel.

Der Gruppenspaziergang führt an die Zonengrenze. Alle hundert Meter steht ein Wachturm, auf jedem Wachturm sitzen sechs Volkspolizisten und schauen mit Fernglas auf die Spaziergänger, die ihrerseits durchs Fernglas gucken. In der Zeitung wird berichtet, dass täglich Hunderte und Tausende Menschen aus der DDR in die Bundesrepublik flüchten, aber die Grenze zum ersten Mal mit eigenen Augen zu sehen deprimiert Marlene. Sie beschließt, diesen Spaziergang nicht noch einmal zu machen.

Mit ihrer Clique geht sie abends tanzen und kegeln, entwickelt sich zur Biertrinkerin und hat einen Schwarm von Verehrern, die sie bei keinem Tanz sitzenlassen und der Reihe nach auffordern. Einer sagt, dass er sie vom Fleck weg heiraten würde, wenn sie nicht schon unter der Haube wäre. Als würde sie sich, wie Marlene an ihre Schwester schreibt, ihren Mann nicht selbst aussuchen.

Die Stimmung wird wie das Wetter immer schlechter, die Witze werden immer dreckiger, und der Arzt scheint ein Idiot zu sein. Die einzige Frage, die er stellt, lautet: »Na, wie geht's Ihrem Bauch?«

Marlene nimmt sich am Ende der Kur vor, ins Krankenhaus zu gehen und sich operieren zu lassen, sollte es mit ihrem »nervösen Leiden« nun nicht besser geworden sein.

Auf der Rückfahrt nach Bremen macht sie Zwischenhalt in Osterode und wird melancholisch. Erinnerungen an ihre Radtouren mit Ingeborg kommen auf. Fünf Jahre ist es her, dass sie hier zusammen in der Jugendherberge Station gemacht hatten. Backfische waren sie gewesen, fünfzehn und sechzehn Jahre alt. Jetzt sind sie verheiratete, berufstätige Frauen von zwanzig und einundzwanzig Jahren, die auf verschiedenen Kontinenten leben und sich beide ein Kind wünschen, damit die Familie und das Leben komplett sind.

Zurück in Bremen, gibt Marlene zu Beginn des Jahres 1960 im *Weser Kurier* ein Stellengesuch auf und erhält sechzehn Zuschriften, ohne dass etwas Passendes dabei ist. Dafür springt ihr beim Studium der Stellenangebote eine Annonce der Hamburger Reederei und Schiffsmakler-Assekuranz J. A. Reinecke GmbH ins Auge. Sie schreibt an die angegebene Adresse in Hamburg, dass sie sich für den Posten in der Bremer Niederlassung interessiere und sich für geeignet halte – und wird zum Vorstellungsgespräch eingeladen. Sie muss nicht nach Hamburg fahren, die Chefs reisen selbst an, wollen kein einziges Zeugnis sehen, akzeptieren Marlenes Gehaltsvorstellungen von monatlich 400 Mark und sagen zu, nach sechs Monaten noch mal 50 Mark draufzulegen. Im Vergleich zu ihrem Anfangsgehalt zwei Jahre zuvor bei Bischoff & Co. hat sich ihr Verdienst verdoppelt.

Die Einarbeitungszeit im Hamburger Stammhaus beträgt vier Tage, dann ist Marlene in der Bremer Niederlassung für die Buchhaltung und Heuerabrechnungen von fünf Schiffen zuständig, die in Bremen vor Anker gehen. Außerdem muss sie sich in das für sie völlig neue Versicherungsgeschäft einarbeiten. Das Büro in einem modernen Neubau an der Schlachte, mit großen Fenstern und Blick auf die Weser, teilt sie sich mit einem jungen Kollegen. Arbeitsbeginn ist um 8.30 Uhr, Feierabend um 17 Uhr, jeder zweite Samstag ist frei.

Zum zwanzigsten Geburtstag schenkt Siegfried ihr eine weiße Mohairjacke mit Gürtel und weiße Wildlederhandschuhe. Ingeborg schickt aus Amerika Lippenstift und Wimperntusche, einen Unterrock und ein Babydoll, türkis, mit weißer Spitze, und ihre Mutter spendiert Stoff für einen Sommerrock und einen Kuchenteller als Ergänzung zum Rosenthal-Kaffeeservice, das sie zur Hochzeit geschenkt hatte. Von der Reederei Reinecke – es ist ihr dritter Monat in der neuen Firma – bekommt sie Blumensträuße von den Chefs und Mitarbeitern in Hamburg und vom Kollegen in Bremen, außerdem zwei Flaschen Sekt, Pralinen und ein Paar Strümpfe.

Wenn eine Reederei im Hafen eine Schiffstaufe feiert oder eine Jungfernfahrt ansteht, verabschiedet sich der Kollege mittags aus dem Büro und wird für den Rest seiner Arbeitszeit nicht mehr gesehen. Marlene ist bei diesen feucht-fröhlichen Anlässen nicht zugelassen, weil Frauen an Bord – altes Seemannsgarn – Unglück bringen. Marlene bleibt an diesen Tagen zwar an ihrem Arbeitsplatz, lässt aber, in stillem Protest, ebenfalls die Arbeit ruhen. Ihre Gesellschaft ist gefragt, als die Hamburger Chefs mit dem Direktor einer jugoslawischen Reederei in der Bremer Niederlassung anrücken und sie auffordern, sofort mitzukommen, um einen Geschäftsabschluss zu feiern, den Verkauf von drei Frachtern nach Jugoslawien.

An das Essen im Restaurant schließt sich ein Bummel durch die Lokale an. Der jugoslawische Reeder spendiert eine Runde nach der anderen, zeigt Fotos von seinem Haus mit Swimmingpool und Blick aufs Meer und lädt Marlene ein, ihn dort einmal besuchen zu kommen.

Sie trinkt Sekt und bezeichnet den Abend im Brief an ihre Schwester als »schöne Abwechslung im grauen Dasein einer geplagten Hausfrau«.

Sie findet heraus, dass eines der Schiffe der Reederei Reinecke Montreal und Chicago anfährt und sie, wenn sie – zum Beispiel im kommenden Jahr – unbezahlten Urlaub nähme, bei einer Überfahrt nur für ihre Verpflegung aufkommen müsste.

»Na, wie wäre das?«, schreibt sie an Ingeborg.

Zwei Jahre nachdem die Schwester nach Amerika ausgewandert ist, rückt ein Besuch erstmals in den Bereich des Möglichen. Doch erst einmal schifft sich die Mutter nach Amerika ein.

Die Reise ist bereits seit einem Jahr geplant und die Schiffspassage von Ingeborg drüben in Amerika bezahlt. Die neue Reisetasche aus Schottenstoff mit Lederbesatz – ein Geschenk von Marlene und Siegfried zu Weihnachten – steht schon Tage vorher fertig gepackt neben der Wohnungstür.

Am Abend vor der Abreise deckt Marlene den Frühstückstisch, damit am Morgen alles schnell geht. Sie ist so aufgeregt, als ginge es um ihre eigene Reise.

Die Mutter hat vor lauter Reisefieber nächtelang kein Auge zugemacht. Nun, wo alles gepackt und geregelt ist, schläft sie wie ein Stein und merkt nicht einmal, wie sie am Morgen den Wecker ausstellt. Genau so war es Ingeborg vor zwei Jahren bei ihrer Abreise ergangen.

Sie kommen noch rechtzeitig – obwohl die Mutter beim Verlassen der Wohnung in der Aufregung ihren zweiten Mantel an der Garderobe hängen lässt, den sie über den

Arm nehmen wollte, und Siegfried noch einmal zurückrennen muss.

Mit dem Zug über Osterholz-Scharmbeck erreichen sie die Columbuskaje in Bremerhaven, wo zwei Jahre zuvor Elvis Presley, von Tausenden Fans bejubelt, als GI zur Absolvierung seines Militärdienstes erstmals deutschen Boden betrat. Hier liegt auslaufbereit die Bremen, ein ehemaliges Truppentransport- und Lazarettschiff aus dem Zweiten Weltkrieg, für 65 Millionen Mark auf der Bremer Vulkan Werft umgebaut und saniert, ausgestattet mit modernsten Stabilisatoren, einem neuen, tropfenförmigen Schornstein und einem schneeweißen Anstrich. Das Schiff fährt für die Norddeutsche Lloyd auf der Nordatlantikroute über Southhampton und Cherbourg nach New York.

Die Mutter nimmt ihre Kabine in Beschlag und geht zum ersten Mal seit der Flucht aus Oberschlesien vor fünfzehn Jahren auf eine große Reise. Sie will sehen, wie ihre Tochter in der North Lakewood Avenue in Chicago lebt, will einen Englischkurs besuchen, mit Tochter und Schwiegersohn ihren 56. Geburtstag feiern, mit ihnen eine Reise in die Rocky Mountains und zu den Niagarafällen unternehmen und insgesamt ein Jahr in Amerika bleiben.

Nachdem die Bremen abgelegt hat und in See gestochen ist, kehren Marlene und Siegfried in die stille und seltsam leere Goesselstraße in Findorff zurück. Noch nie ist Marlene von Mutter und Schwester gleichzeitig getrennt gewesen. Es ist ein trauriges Gefühl, dass die beiden dort drüben, auf der anderen Seite der Welt, ohne sie ein Jahr lang vereint sein und Dinge erleben werden, von denen sie nichts mitbekommt und selbst nur träumen kann.

Sie legt sich schlafen. Siegfried räumt das Frühstück weg, erledigt den Abwasch, räumt auf, beseitigt alle Spuren, die der Aufbruch der Schwiegermutter hinterlassen hat, und weckt Marlene, nachdem er das Abendbrot gerichtet hat.

Das »nervöse Leiden« ist wieder so stark, dass der Arzt ihr rät, wegzufahren, auszuspannen und so schnell wie möglich auf andere Gedanken zu kommen. Außerdem soll sie überlegen, ob sie in diesem Zustand, mit den ständigen Schmerzen, überhaupt noch in der Lage ist zu arbeiten oder ob sie ihre Prioritäten vielleicht anders setzt – auch mit Blick auf das Kind, das sie sich wünscht und das immer noch auf sich warten lässt.

Sie sei wohl »ein Wrack«, schreibt Marlene aus Arnoldstein im österreichischen Kärnten, wohin sie mit Siegfried kurz entschlossen gefahren ist, wieder mit dem Nachtzug über München, um an die schönen Erinnerungen ihrer Hochzeitsreise vor zwei Jahren anzuknüpfen.

Ingeborg schickt zur Aufmunterung einen Scheck, für den Marlene sich bei einem Ausflug nach Italien in Tarvisio für umgerechnet zwanzig Mark eine Strickjacke kauft, für die sie bei Bauermann in Bremen mindestens das Doppelte bezahlt hätte. Sie schmuggeln die Jacke erfolgreich durch den Zoll und essen in zwei Wochen so viel Schnitzel, dass Marlene ganz Österreich wie ein einziges Schnitzel vorkommt.

Siegfried repariert nach ihrer Rückkehr die alten Fahrräder und bringt Marlene an der Weser das Angeln bei. Sie verschieben den Kauf einer Waschmaschine und schaffen stattdessen eine Musiktruhe an. Bei einem Schneider in Oldenburg, der besonders günstig ist, lässt Siegfried sich einen neuen Anzug machen. Außerdem schließt er einen Bausparvertrag ab und fertigt erste Skizzen von einem eigenen Haus an, für das er auch ein Kinderzimmer einplant.

Marlene wechselt nach einem Jahr bei Reinecke auf eine Stelle bei der Reederei Parchmann. Sie verdient dort 75 Mark mehr und kommt nun auf monatlich 525 Mark, plus dreizehntes Monatsgehalt, das zu Weihnachten fällig ist. Als Buchhalterin ist sie nicht nur für die Heuerabrechnungen zuständig, sondern soll zum ersten Mal auch für die Befrachtungsabteilung arbeiten.

Die Kollegen, ausnahmslos Männer, kennen Frauen in ihrer Abteilung nur als Stenotypistinnen und sind es nicht gewohnt, dass jemand wie Marlene die gleiche Arbeit macht wie sie. Niemand fühlt sich zuständig, ihr etwas zu erklären oder Aufgaben zu geben. Als sie am zweiten Tag höflich um Arbeit bittet, bekommt sie von den Kollegen so viel auf den Tisch, dass sie Mühe hat, bis zum Feierabend fertig zu werden – um am nächsten Tag wieder tatenlos herumzusitzen. Am vierten Tag geht sie zum Prokuristen, um – wieder einmal – zu kündigen.

Statt sie ziehen zu lassen, wird sie in die Abteilung für Charterschiffe versetzt, wo sie ab sofort für alle Zeitfrachtabrechnungen zuständig ist, eingehende Rechnungen prüfen, vorkontieren und kalkulieren muss, welche Passage für das Schiff und die Reederei wirtschaftlich ist. Auch hier ist sie die einzige Frau zwischen Männern, die sich jedoch als freundlich, sehr zuvorkommend und hilfsbereit erweisen.

Sie isst mittags in der Stadt, kommt nie vor 20 Uhr aus dem Büro und kann mit all den Währungen im Kopf kaum abschalten und nur schwer einschlafen. Weil die Zeit abends zum Kochen nicht reicht, geht Siegfried mittags nun doch in die Kantine. Wenn er Marlene so sieht, wie sie in ihrer Arbeit aufgeht, trotz allem Stress, sagt er kopfschüttelnd: »Du hast ja schon einen richtigen Fimmel!«

Bevor die Mutter aus Amerika zurückkommt, wollen Marlene und Siegfried die Goesselstraße verlassen und eine eigene Wohnung gefunden haben. Das ist der Plan. Doch zwei Zimmer, Küche und Bad zur Miete sind unter 150 Mark kalt nicht zu bekommen – was Marlene unverschämt findet.

Für die Wohnung in der Ellhornstraße zahlen sie nun fast das Doppelte, haben dafür aber drei Zimmer, Küche und Bad mit Kohleofen und gleich um die Ecke die schönen Wallanlagen. Die hohen Decken erinnern Marlene an das Bürgerhaus von damals, Außer der Schleifmühle, und mit dem dritten Zimmer gibt es ausreichend Platz für Übernachtungsgäste und irgendwann – falls es sich doch noch anmelden sollte – ein Kind.

Kurz bevor die Mutter aus Amerika zurückkehrt, geht der Umzug von der Goessel- in die Ellhornstraße über die Bühne. Bei den Neuanschaffungen, dem Kauf von zwei Sesseln und einem Sofa, verkalkulieren Marlene und Siegfried sich ein wenig, sodass es erst einmal nicht für Vorhänge reicht.

Die Mutter, ganz erfüllt von den Eindrücken und Erlebnissen, streckt das Geld für einen Seidenrips vor, der laufende Meter für 4,90 Mark bei Karstadt im Ausverkauf, und weckt mit ihren Erzählungen bei Marlene das Fernweh und die Sehnsucht, ihre Schwester drüben ebenfalls zu besuchen und diesen Plan nicht mehr auf die allzu lange Bank zu schieben.

Der Kontakt zu Hugo ist nie ganz abgerissen und das goldene Feuerzeug, das er ihr damals in ihrer Zeit an der Baumwollbörse zum sechzehnten Geburtstag schenkte, regelmäßig in Benutzung. Als er wieder einmal in der Stadt ist und sie zum Essen in den ›Ratskeller‹ einlädt, berichtet er, es gebe die Möglichkeit, mit einem VW-Transportschiff von Bremen oder Emden direkt nach Chicago zu fahren. Die Überfahrt würde für sie zwanzig Mark pro Tag kosten, wären also hin und zurück vierhundert Mark. Sie reden angeregt bis morgens um vier. Als er sie in seinem Mercedes-Cabriolet nach Hause fährt und an der Ecke absetzt, sagt er: »Denk dran. Wenn du Hilfe brauchst – ich bin für dich da.«

Im fernen Berlin wird die Grenze zwischen Ost und West abgeriegelt und quer durch die Stadt eine Mauer gebaut. Siegfried geht einmal in der Woche zum Tischtennis, und Marlene macht es sich allein gemütlich und hört im Radio das Kriminalhörspiel. Sie essen abends oft auswärts, gehen regelmäßig mit Freunden zum Kegeln, und einmal unternehmen sie zusammen mit den Kollegen von Parchmann einen Zug durch die Gemeinde, bis das letzte Lokal schließt und sie frühmorgens mit Whisky-Soda auf dem Schiff weiterfeiern. Zu Hause machen sie sich frisch, ziehen sich um, trinken Kaffee und gehen zur Arbeit. Siegfried sitzt pünktlich um 7.30 Uhr an seiner Zeichenplatte in der Oberfinanzdirektion, Marlene um acht Uhr an ihrem Schreibtisch bei Parchmann.

Ingeborg schickt zu Weihnachten Schuhe, passend zu einer Handtasche mit rundem Bügel, außerdem einen gesteppten Morgenrock und eine Tagescreme der Marke Topas, die so gut riecht, dass die Kollegen bei Parchmann sagen: »Frau Hormann, Sie duften ja wieder so gut!«

Ingeborg bringt in Chicago ein Mädchen zur Welt. Doch bei Marlene – sie ist inzwischen 21 Jahre alt – will sich immer noch kein Nachwuchs einstellen. Der Arzt ist überzeugt, dass es auch so bleiben wird, solange sie sich nicht entschließen kann, sich mehr Ruhe zu gönnen und endlich aufzuhören zu arbeiten.

Sie bewirbt sich bei einer amerikanischen Reederei mit Sitz in Düsseldorf, die eine erfahrene Mitarbeiterin für den Aufbau ihrer Bremer Niederlassung suchen. Sie wäre dort zunächst die einzige Angestellte. Die Düsseldorfer akzeptieren ihre Gehaltsforderung von 600 Mark und gewähren ihr darüber hinaus ein dreizehntes und vierzehntes Monatsgehalt als Urlaubs- und Weihnachtsgeld. Kurz vor der Vertragsunterzeichnung erfährt Marlene, dass sie im dritten Monat schwanger ist.

Ingeborg schickt aus Amerika einen Strampelsack, warm gefüttert, eine bunt bestickte Nylondecke für den Stubenwagen, einen Babyschlafanzug aus Frottee und zwei hochgeschlossene Nachthemden fürs Krankenhaus. Siegfried kauft eine Waschkugel und eine Wäscheschleuder und baut ein Kinderbett. Er lackiert die Wiege schneeweiß, hochglänzend, und bemalt sie mit bunten Blumen und lindgrünen Blättern.

Wenn das Kind da ist, sagt er, wird er den Namen und das Geburtsdatum auf das Kopfteil pinseln und dabei Platz lassen für die Namen und Geburtsdaten vom zweiten und dritten Kind.

20

Kirschquark — fromage blanc à la cerise
Wangengrübchen — fossettes de joues
amtliche Bekanntmachungen — annonces officielles

Hast du ihn bekommen?«, fragte Zoe.
Ich zog meine Schuhe aus und berichtete, dass ich mich, nachdem es zwischendurch mal ganz gut ausgesehen hatte, am Ende doch nicht durchsetzen konnte und jetzt einen Konfirmationsanzug hatte, der kein Anzug war, sondern aus Bundfaltenhose und sportlicher Jacke bestand, beides Baumwolle, beides dunkelblau, allerdings unterschiedlich dunkelblau, wenn man genau hinsah.

Zoe sagte nichts und studierte die Packungsbeilage der Tabletten, die heute zum Einsatz kommen sollten. Die Gelegenheit mit dem Kirschquark, den Betti sich gestern mit Schattenmorellen von Aldi zurechtgematscht, aber nur zur Hälfte aufgegessen hatte, war günstig, wie Zoe am Telefon gesagt hatte, als sie mich bat, herzukommen und ihr bei der Aktion beizustehen.

»Eine Dosis von drei Tabletten pro Tag sollte nicht überschritten werden«, las Zoe vor und zog den Blister aus der Schachtel. »Also fünf für den Anfang?«

Ich überflog den Abschnitt mit den Nebenwirkungen. »Ich würde sagen: vier. Und dann schauen wir weiter.«

Wir zerkleinerten die Tabletten auf dem Schneidebrett, und Zoe fragte: »Geht ihr eigentlich noch nach Spanien?«

Ich schüttelte den Kopf. »Die Sache hat sich erledigt. Wir können Oma Lydia nicht alleinlassen.«

Zu sehen, dass Zoe beruhigt war und sich vielleicht mehr Sorgen gemacht hatte als ich, freute mich.

Während wir die Krümel langsam zu Pulver verarbeiteten, berichtete ich, dass die Gästeliste mit Verwandten, die zu meiner Konfirmation eingeladen werden sollten, inzwischen noch mal geschrumpft war und ich, wenn ich Glück hatte, am Ende noch auf vierhundert Mark kommen könnte – was ein Witz wäre im Vergleich zu dem, was Angela, Boris und Corinna in den Jahren zuvor bei ihren Konfirmationen eingenommen hatten.

Außerdem hatte ich nun offiziell bei Herrn Grüneweg die Frankreichreise abgesagt, den Brief an Jean-Philippe aber noch nicht geschrieben. Ich konnte mich nicht entscheiden, welche Worte ich wählen sollte, um ihm die Sache zu erklären. Bei Herrn Grüneweg war ich einfach der Argumentation meiner Mutter gefolgt, hatte schön den Schein gewahrt und mich auf meinen blauen Brief berufen, der ja eine Tatsache war, und behauptet, dass ich büffeln müsse und nicht zehn Tage lang von der Schule wegbleiben dürfe.

Ich hatte schon selbst angefangen, diese Version zu glauben. Statt zu sagen: Wir sind pleite und für meine Frankreichreise ist kein Geld da, hatte ich sie so glaubhaft vorgetragen, dass Herr Grüneweg mir voll auf den Leim ging.

Ach, hatte er geschnieft, das sei ja schade, und sich halbherzig erkundigt, ob er vielleicht mal mit meinen Eltern reden solle, was ich jedoch ablehnte.

»Jean-Philippe schreibe ich die Wahrheit«, sagte ich, aber Zoe ging nicht darauf ein und starrte auf die Tablettenkrümel, als hätte sie vergessen, was zu tun war. Sie sah dabei wieder so verloren aus, wie ich es bei ihr erlebt hatte, als sie ihre Mutter im Badezimmer gefunden hatte, völlig apathisch, vollgepumpt mit Adumbran, und mich anrief, ob ich rüberkommen könne.

Vielleicht erinnerte sie sich jetzt daran, wie der Notarzt kam und sie, von mir bestärkt, beschloss, ab sofort den Tablettenbestand ihrer Mutter klammheimlich und sukzessive zu reduzieren. All das war wieder lebendig, und ich quatschte sie mit meinem Mist voll. Dabei war ich gekommen, um ihr auch bei dieser Aktion zu helfen und beizustehen.

»Mach dir keine Sorgen«, sagte ich, während ich die Krümel in den Kirschquark streute und umrührte. Wie Zoe gesagt hatte: Die Pampe war perfekt für Adumbran. Es hatte sich gelohnt, auf diese Gelegenheit zu warten. Betti würde das Zeug, den Rest von gestern, ahnungslos aufessen, danach lethargisch und faul werden und keinen Bock auf Sex und sonstige Aktivitäten haben. Und wenn wir die Sache oft genug wiederholten, würde Claus Schlüter schneller sein Interesse an ihr verlieren, als sie gucken konnte.

»Entweder es funktioniert, oder es funktioniert nicht«, sagte ich weise und machte den Kühlschrank auf. »Wenn nicht, überlegen wir uns etwas Neues.«

Zoe lehnte am Tisch, starrte auf ihre Finger und den abgeplatzten grünen Nagellack und sagte: »Ich habe übrigens eine gute Nachricht für dich.«

Ich schob die Schüssel zwischen den Sahnejoghurts zurecht und hatte sofort ein komisches Gefühl. Vielleicht war es Zoes gedämpfter Tonfall, aber ich wusste in diesem Moment, dass nach der guten Nachricht mindestens noch eine schlechte hinterherkommen würde.

»Was für eine gute Nachricht?«, fragte ich, machte den Kühlschrank zu und drehte mich zu Zoe um.

»Mein Vater gibt dir das Geld für Frankreich«, sagte sie. »Die dreihundert Mark.«

»Dreihundert?« Ich war äußerlich ganz ruhig, aber meine Gedanken überschlugen sich. »Du meinst: zweihundertfünfundsiebzig.«

»Ist doch egal. Was sagst du? Freust du dich?«

Ich schob den Blister mit den restlichen Adumbran zurück in die Schachtel und machte die Verpackung zu. »Wie kommt dein Vater darauf, mir so viel Geld zu geben?«

»Weil ich ihn darum gebeten habe.«

»Und warum hast du mich nicht erst gefragt?«

Zoe wich meinem Blick aus, während sie mit den Plastikschlingpflanzen spielte, die sie sich ins Haar geflochten hatte; es gab sie im Gartencenter fürs Aquarium zu kaufen.

»Warum muss ich dich vorher fragen?« Zoe nahm die Colaflasche und zwei Gläser.

»Weil die Sache nicht so einfach ist.« Ich folgte ihr mit dem Orangensaft ins Wohnzimmer. »Zum Beispiel habe ich Herrn Grüneweg schon gesagt, dass ich nicht mitfahren kann, und als Begründung den blauen Brief genannt. Schon vergessen? Ich kann nicht plötzlich umschwenken und sagen: Ach, übrigens, das mit dem blauen Brief – hat sich erledigt. Ich fahre doch mit. Und bevor ich's vergesse: Hier ist das Geld.«

»Warum nicht?« Zoe schenkte Orangensaft in die Gläser. »Genau so sagst du es. Deine Eltern haben es sich überlegt und lassen dich doch mitfahren. Fertig, aus. Das Hin und Her ist Grüneweg völlig egal.«

Ich setzte mich neben Zoe auf den Fußboden und nahm von den Schoko-Crossies. »Und was sage ich meinen Eltern?«

»Dass mein Vater die Kosten übernimmt und er total happy ist, dass er dir helfen kann. Er mag dich.«

Ich schaute hinaus in den Garten, in die dunklen Tannen, und versuchte, mir die Unterhaltung mit meinen Eltern vorzustellen. Mein Vater würde gar nicht wissen, worum es ging, und meine Mutter niemals zulassen, dass wir Geld von den Schlüters annahmen.

»Deine Eltern können dir nicht verbieten, Geld von meinem Vater anzunehmen«, behauptete Zoe, als hätte sie meine Gedanken erraten. »Du musst nur stur sein und darfst nicht gleich einknicken.«

»Vielleicht können wir es so machen.« Ich stand auf und ging zum Schreibtisch von Claus Schlüter, auf dem das *Osterholzer Kreisblatt* und ein Leuchtstift lagen. »Dein Vater gibt mir das Geld, aber ich gebe es ihm zurück.« Ich drehte mich zu Zoe herum. »Ich nehme bei ihm einen Kredit auf und tilge ihn dann mit meinem Konfirmationsgeld.«

Zoe schwieg, aß Schoko-Crossies und hielt mir mit ausgestrecktem Arm die Packung hin. »Wenn du unbedingt willst«, sagte sie, »kannst du es zurückzahlen, klar. Du kannst es aber auch einfach als Geschenk betrachten. Als Geschenk von meinem Vater und mir. Zu deiner Konfirmation. Sag das deinen Eltern.«

Das Gartentor war zu hören und der Motor vom Porsche, der kurz aufheulte, als würde die Pforte dadurch schneller beiseite rollen.

»Scheiße«, sagte Zoe.

Ich schaute auf die Uhr. »Im Prinzip könnten wir es deinem Vater gleich vorschlagen. Eine Viertelstunde habe ich noch.«

Bevor Zoe antworten konnte, war der Haustürschlüssel zu hören, während der Porsche in der Garage röhrte, dass die Fensterscheiben leise klirrten.

Ich hatte Betti noch nie persönlich zu Gesicht bekommen, aber wie sie »Hallo!« rief und dabei das »o« in die Länge zog, hörte es sich genau so an, wie Zoe es schon oft vorgemacht hatte. Aber was Zoe mit keinem Wort erwähnt hatte, war das Lächeln, von den Wangengrübchen, der Stupsnase und den himmelblauen Augen gar nicht zu reden.

»Ich bin die Betti«, rief sie fröhlich und streckte mir ihre Hand entgegen, die ich wie ferngesteuert ergriff und die sich angenehm warm anfühlte.

In diesem Moment verstand ich, warum Zoes Vater Betti so toll fand. Sie war das Gegenteil von Frau Schlüter. Zoes Mutter war die komplizierte, traurige Sue Ellen aus *Dallas* und Betti die lustige, unkomplizierte Lucy.

»Hi«, sagte ich. »Ich bin Daniel.«

Betti bückte sich und fragte, während ich ihre Glocken im Ausschnitt baumeln sah, mit verstellter Stimme: »Na? Und wer bist du?«

»Das ist Frieda«, sagte ich.

»Frieda?«, wiederholte Betti.

»Mit A.«

»Wie?«

»Ich meine: nicht mit ER. Weil sie ein Weibchen ist.«

Betti kam wieder hoch. »Tut mir echt leid, Daniel«, sagte sie und verzog plötzlich trübsinnig ihr Gesicht. »Ich kann mir vorstellen, wie beschissen du dich fühlst. Aber tröste dich. Besser, als wenn deine Eltern saufen. Glaub mir. Ich weiß, wovon ich rede.«

»Kannst du vielleicht mal deine Klappe halten?«, meldete sich Zoe scharf aus dem Hintergrund.

Betti guckte erschrocken, als hätte sie gerade begriffen, dass sie einen saudummen Fehler gemacht hatte, während Zoes Vater, bepackt mit Einkaufstüten, in der Tür erschien.

»Hi«, sagte er. »Wie geht's, Daniel? Lange nicht gesehen.«

»Hallo«, sagte ich, ohne zu verstehen, was hier gerade passierte.

»Deine Eltern finden eine Lösung.« Claus Schlüter stellte die Tüten ab und warf seine Lederjacke über den Schaukelstuhl im Flur. »Glaub mir. Es gibt da noch viele Möglichkeiten.«

»Er weiß es noch gar nicht.« Zoe überreichte mir die Zeitung vom Schreibtisch. »Sorry«, sagte sie. »Ich wollte es dir die ganze Zeit sagen, aber ich wusste nicht, wie, und jetzt sind die Arschlöcher mir zuvorgekommen.«

Ich nahm das *Osterholzer Kreisblatt* mit der aufgeschlagenen Seite, auf der bei den amtlichen Bekanntmachungen eine Stelle mit Leuchtstift markiert war.

Versteigerung im Wege der Zwangsvollstreckung, las ich.

Bewertungsobjekt: Am Sandberg 1, Heilshorn, Landkreis Osterholz. Freistehender Bungalow, 5–6 Zimmer, 2 Badezimmer, 1 Gäste-WC, Einbauküche, Abstellflächen. Wohnfläche: ca. 180 m². Grundstücksfläche: ca. 2000 m². Bemerkungen: Der allgemeine bauliche Zustand ist zufriedenstellend. In Teilbereichen besteht Instandhaltungsbedarf. Die Liegenschaft kann nach Absprache besichtigt werden. Ort der Versteigerung: Amtsgericht.

»Ich habe es gestern zufällig gesehen«, sagte Claus Schlüter mit sanfter Stimme, »und dachte: Am Sandberg? Das seid doch ihr.«

Ich las die Meldung noch einmal, faltete die Zeitung dann zusammen und legte sie auf den Tisch. Alle starrten mich an, und plötzlich hatte ich die Szene genau vor Augen: wie Claus Schlüter im *Kreisblatt* die amtlichen Bekanntmachungen las, die Stelle markierte und Zoe fragte: Sind das nicht die Hormanns? Wie Betti dabeisaß, ihren Kirschquark mampfte und sie ihr erklärten, um wen es sich bei den Hormanns handelte, und gemeinsam beratschlagten, was man in dieser Situation für den armen Daniel tun könnte. Und Zoe auf die Idee mit dem Frankreich-Geld kam.

»Ich muss los.« Ich klopfte mit der Hand an meine Hose. »Komm, Frieda.«

Zoe kam hinter mir her. »Sorry, dass du es so blöd erfahren hast«, sagte sie. »Aber ich dachte: erst mal die gute Nachricht.«

Ich zog meine Schuhe an, hörte Claus Schlüter und Betti im Wohnzimmer miteinander flüstern und fragte mich, ob es sich an der Schule wohl schon herumgesprochen hatte, dass das Haus der Hormann-Geschwister zur Versteigerung stand.

»Kommst du morgen?« Zoe kniete neben Frieda und streichelte ihr Fell.

»Keine Ahnung.« Ich nahm meine Jacke und die Hundeleine.

Frieda trottete neben mir her zum Gartentor, das sich langsam öffnete, während Zoe hinter uns herrief: »Das Angebot mit Frankreich steht auf jeden Fall.«

An der B6 sah ich meinen Vater im Auto, wie er in unseren Weg einbog. Ein Familienvater, der von der Arbeit kam, während meine Mutter auf dem Sofa Pullover strickte. Ein schönes, friedliches Bild. In Wirklichkeit hatte mein Vater nur unnötig Benzin verfahren und Wasserfilter angepriesen, die kein Mensch haben wollte, während meine Mutter die Nadeln heißlaufen ließ, weil wir Bargeld für den nächsten Einkauf brauchten.

»Na, Söhnchen«, sagte mein Vater an der Pforte und schmunzelte. »Bist du wieder bei deiner Freundin gewesen?«

21

Siegfried ist seit sechs Jahren verheiratet, hat zwei Kinder, ein festes Gehalt als Beamter und einen Opel Caravan Kombi, mit dem er nach Feierabend von seiner Arbeitsstelle in Bremen-Oslebshausen losfährt. Der Ort heißt Heilshorn, liegt in Niedersachsen, im Landkreis Osterholz, und ist, wie er nun feststellt, über die A1 in etwas mehr als einer halben Stunde zu erreichen. Das Baugrundstück, das er besichtigt, hat eine Fläche von zweitausend Quadratmetern, liegt verkehrsgünstig an der B6 und gleichzeitig im Wald. Es ist perfekt. Siegfried fängt an zu zeichnen, zuerst im Kopf, dann auf dem Rechenpapier. Er verwirft die ersten Skizzen – und hat eine Idee.

Um Baukosten zu sparen, streicht er Keller und Obergeschoss und konzipiert einen Bungalow – entsprechend der langgestreckten Grundstücksform als langgestrecktes L. Im kurzen Stück bringt er Windfang und Gäste-WC unter sowie eine Küche mit rundum verlaufenden Schränken, einer Spüle am Fenster und einer Durchreiche zum Essplatz im Wohnzimmer, weil Marlene erst kürzlich wieder geseufzt hat, sollte sein Luftschloss jemals Wirklichkeit werden und sie irgendwann einmal im eigenen Haus wohnen, wolle sie nie mehr beim Essen auf dreckiges Geschirr und eine unaufgeräumte Küche starren müssen.

Der Essplatz ist über eine dreistufige Treppe mit dem tiefer liegenden Wohnbereich verbunden. Der Höhenunterschied verleiht dem Raum eine Weite, die an der Westfront durch ein riesiges Fenster mit Terrassentür betont wird. Um die Ecke, gewissermaßen im toten Winkel, zeichnet er einen Rückzugsort, eine Bibliothek mit Bücherregalen und Barfach, und unterstreicht den gemütlichen Charakter durch einen offenen Kamin.

Das lange Stück vom L wird durch einen langen Flur erschlossen, der gegenüber der Küche ansetzt, durch eine Tür geschlossen werden kann und aufgrund seiner Mittellage kein Tageslicht und deshalb eine Reihe von Oberlichtern bekommt. Auf der Nordseite bringt er Wandschränke und Vorratsraum unter, die den fehlenden Keller kompensieren, und zeichnet daneben einen Hauswirtschaftsraum zum Bügeln und Wäschelegen mit einer Nische für Waschmaschine und Trockenschleuder. Eine Tür führt nach draußen auf einen Wäscheplatz.

Am Ende des Flurs gibt es einen Vorsprung, damit der schlauchartige Flur sich ein wenig weitet. Hier liegen nebeneinander ein Duschbad für die Kinder, ein Wannenbad für die Eltern und am Ende das Elternschlafzimmer, das durch eine ausgesparte Ecke eine eigene überdachte Terrasse mit Blick in den Garten und den Sonnenuntergang bekommt. Dieser Außenplatz, abgeschieden vom Rest des Hauses, hat einen eher intimen Charakter, während die große Terrasse vor dem Wohnzimmer mit ausreichend Platz für Gartentisch, Stühle, Sitzbank und Grill dem Familienleben vorbehalten ist.

Auf der Südseite des Flurs, gegenüber den Badezimmern,

Wirtschaftsräumen und Wandschränken, mit Ausrichtung zu Wohnzimmerterrasse und Garten, schaltet Siegfried nebeneinander die Kinderzimmer: eines für Angela, eines für Boris und vorausschauend eines für ein drittes Kind – auch wenn Marlene sagt, dass sie damit noch mindestens vier Jahre warten will.

Es ist nicht so unrealistisch, das Haus zu bauen, wie Marlene glaubt. Er rechnet ihr immer wieder vor, dass er als technischer Zeichner nicht nur über das nötige Know-how verfügt, sondern auch über das handwerkliche Geschick. Er kann fast alles selbst machen und dadurch immense Kosten sparen.

Obwohl es natürlich ein Traum wäre, mit zwei Kindern raus ins Grüne zu ziehen, bleibt Marlene skeptisch und rechnet im Brief an Ingeborg vor, dass sie sich dann ja erst wieder im Alter etwas würden leisten können – und wer wisse schon, was dann sei? Schon jetzt, seit Siegfried in seinen Bausparvertrag einzahle, sei er entsetzlich knausrig geworden.

Statt ihr Leben auf die Realisierung eines schönen Traums und einer fernen Vision auszurichten, holt Marlene von den anderen Mietern und der Hausverwaltung die Erlaubnis ein, die Hälfte des Gartens für die Kinder nutzen zu dürfen, damit Siegfried dort eine Sandkiste bauen kann, und redet so lange auf ihn ein, bis sie beim Umzug vom großen ins kleinere Zimmer wenigstens ein neues Schlafzimmer bekommen und sich nicht mehr in den alten Kisten von den Schwiegereltern krumm und lahm liegen müssen.

Das große Zimmer wird nun Kinderzimmer für Angela und Boris und neu tapeziert und mit Teppich ausgelegt.

Auch das Bad wird renoviert, der alte Terrazzo mit grauem Kunststoffboden überklebt, und die Wände bekommen neue Fliesen: in der Fläche hellgelb, aufgelockert mit kleinen rosa- und türkisfarbenen Einsprengseln. Mit dem neuen Durchlauferhitzer in der Küche gibt es jetzt fließend Heißwasser, und wenn irgendwann noch die Decken abgehängt werden, schreibt Marlene an ihre Schwester, werde es noch chic und modern werden in der Ellhornstraße.

Marlene ist fünfundzwanzig Jahre alt und ihre Taille nach zwei Schwangerschaften von 63 auf 70 Zentimeter gewachsen. Sie bittet Ingeborg um die abgelegten Kleider der Kinder und die Sachen, die sie selbst nicht mehr anzieht – der Zustand sei egal, sie werde es sich schon richten.

Ingeborg schickt ein Babydoll, Hüfthalter und Parfüm, für die Kinder ein Lämmchen zum Aufziehen, eine Puppe, Kleidchen und Matrosenanzug und berichtet, dass sie mit Helmut kurz davor sei, einen Kaufvertrag für ein Häuschen im Vorort von Chicago zu unterschreiben.

Marlene gratuliert zum Hauskauf und schreibt: »Eure Kinder waren wenigstens vorsichtig in der Wahl ihrer Eltern. Bei unseren sieht es da schon schlechter aus.«

Während Siegfried stur an seinem Hausprojekt festhält, ist Marlenes Plan, nach sieben Jahren, die Ingeborg nun schon fort ist, endlich nach Amerika zu reisen und sich anzusehen, wie die Schwester lebt, und die Kinder mitzunehmen. Ingeborg hat ebenfalls ein Mädchen und einen Jungen, beide ungefähr im Alter von Angela und Boris, und kam mit der kleinen Kitty an der Hand vor drei Jahren bei ihrem ersten Besuch, seit sie Deutschland verlassen hat, am Bremer Flughafen über das Rollfeld gelaufen.

Seitdem träumt Marlene ständig, dass es an der Tür klingelt und Ingeborg wieder dasteht. Sie rechnet hin und her und überlegt, wie ihre Reise nach Amerika zu bewerkstelligen wäre. Sie trifft Hugo, ihren alten Bekannten und Verehrer aus den Zeiten an der Baumwollbörse, und erfährt, dass er ihr zu einer Schiffspassage von Emden nach New York und wieder zurück für 240 Mark verhelfen kann. Die Kinder würden bei diesem Angebot umsonst mitfahren.

Marlene schreibt, sie habe nun endlich etwas, worauf sie sich freuen könne, und sucht per Annonce eine buchhalterische Tätigkeit, um etwas dazuzuverdienen. Sie kann nur zu Hause arbeiten, vorzugsweise am Abend und samstags, wenn Siegfried auf die Kinder aufpasst, und bekommt kein einziges Angebot.

Sie nimmt eine Tätigkeit im Handarbeitsgeschäft an, schreibt in Heimarbeit Etiketten, notiert Preise, Mengenangaben und Materialzusammensetzungen und hilft samstags beim Verkauf im Laden. Der Umgang mit den Kundinnen ist belebend und macht mehr Spaß als das einsame Etikettenschreiben zu Hause. Andererseits ist das Tageshonorar von acht Mark mehr als dürftig und der ganze Samstag im Eimer. Als sie um mehr Geld bittet, ist sie den Verkaufsjob wieder los und bekommt nun auch keine Heimarbeit mehr.

Sie fängt als Verkäuferin bei Hertie an, immer samstags, für ein Tageshonorar von fünfzehn Mark, bekommt also fast das Doppelte und rechnet, dass sie mit sechzehn Samstagsschichten spätestens in einem halben Jahr abfahrbereit wäre. Sie bittet Ingeborg, statt der vielen Geschenke und Päckchen in Zukunft lieber Geld zu schicken, das sie dann aufs Reisekonto einzahle, und die Korrespondenz zu diesem Thema auf einem separaten Zettel zu führen. Die Mutter, die die Briefe liest, vermiese ihr alles, zeige ihr laufend den Vogel und sage, es sei finanziell sowieso nicht machbar und überhaupt ein Wahnsinn, mit zwei Kindern die Reise über den großen Teich anzutreten.

Auch sonst ist es mit der Mutter nicht immer einfach. Sie kritisiert Marlenes Erziehungsmethoden, meint, sie verwöhne die Kinder zu sehr und ihre Kochkünste seien ausbaufähig. Aber sie findet auch, dass der kleine Boris mit seinen schwarzen Haaren stark nach Marlenes Vater gehe, und amüsiert sich, wie Angela pustet und das Rauchen imitiert.

Siegfried sagt nichts und nimmt es hin, dass seine Schwiegermutter fast jeden Tag auf ihrem Nachhauseweg von ihrer Arbeitsstelle bei der Hamburg Mannheimer bei ihm zu Hause in der Küche sitzt. Für Marlene ist es, trotz mancher Reibereien, eine Abwechslung. Bis es ihm eines Tages reicht, schon wieder zum Feierabend von seiner Schwiegermutter begrüßt zu werden. Nachdem er wortlos umdreht und die Tür hinter sich zuknallt, ist seine Schwiegermutter ab sofort nicht mehr zu sehen, wenn er nach Hause kommt.

Obwohl ihm Marlenes geplante Reise nach Amerika nicht behagt und für ihn die Aussicht, sie mit den Kindern viele Wochen, vielleicht monatelang in den USA zu wissen, alles andere als rosig ist, käme er nie auf die Idee, mit ihr wegen der Reise zu streiten oder sie ihr gar zu verbieten. Ebenso nimmt er schweigend hin, dass sie sich mit Hugo trifft, der Marlene mit seinen Kontakten und seinem weltmännischen Gerede all diese Flöhe ins Ohr setzt. Siegfried setzt auf den Faktor Zeit und darauf, dass bei allem immer noch etwas dazwischenkommen kann.

Marlene kann es nicht glauben: Sie wird tatsächlich zum dritten Mal schwanger und muss die Reise absagen.

Siegfried macht Nägel mit Köpfen und unterschreibt den Kaufvertrag für das Grundstück an der B6. Er bestellt einen Bagger, der den Weg durch den Wald zum Bauplatz frei schiebt. Auf diese Weise entsteht an der Straße eine Erhebung, aus der sich die neue Adresse ergibt: Am Sandberg.

Er transportiert am Wochenende mit seinem Kombi Werkzeug und Baumaterial nach Heilshorn, schaufelt Zement und gießt die Fundamente, und auch Marlene, die Kinder und seine Schwiegermutter kommen bei schönem Wetter mit. Als Angela und Boris vorbeiwackeln, nimmt er sie bei den kleinen Händen, hebt sie hoch und senkt sie langsam so weit ab, dass sie mit den Füßen den frischen Beton berühren. Es entstehen vier kleine Fußabdrücke, verewigt im Fundament, auf dem bald sein Haus stehen wird, »seine Burg«, wie er sagt.

22

*Scheine in gefütterten Umschlägen — billets dans des
enveloppes doublées
karierte Bettwäsche — des draps à carreaux
eine Hand im Pool — une main dans la piscine*

Als ich sah, wie mein Vater über die Straße kam, den Kopf zwischen den Schultern, den Blick zu Boden gesenkt, war ich mir sicher, dass auch er nichts bei Frau Zellermeyer ausrichten konnte. Ans Auto gepresst, ließ er zwei PKW und einen Fahrradfahrer vorbei, machte die Tür auf, ließ sich seitlich auf den Fahrersitz plumpsen und sagte kein Wort.

Dann tat er das, was er selbst immer wieder predigte: die Knie anziehen, die Füße vom Boden heben und mit den Schuhen zwei Mal rhythmisch aneinanderklopfen, bevor die Beine ins Auto geschwungen werden, damit ja kein Schmutz ins Wageninnere getragen würde.

Dass es Gummifußmatten gab, die mein Vater beim Kauf des Ford Granada gratis dazubekommen hatte, als er das Geld bar auf den Tisch legte, spielte genauso wenig eine Rolle wie die Tatsache, dass die Bahnhofstraße so sauber und geleckt war wie der Schalterraum der Deutschen Bank.

»Und?«, fragte meine Mutter, den Arm auf die Mahagonileiste gestützt, mit der das steingraue Polster unterhalb der Scheibe abschloss.

»Nichts«, sagte mein Vater.

Meine Mutter starrte schweigend durch das getönte Glas ins Fischgeschäft und sah aus, als könnte sie eine Kopfschmerztablette gebrauchen.

»Nächste Woche ist das Geld auf dem Konto«, verkündete mein Vater, als könnte er hellsehen, und hörte sich in seinem Optimismus beinahe autoritär an. »Spätestens«, fügte er hinzu.

»Es sei denn, wir sind einem Betrüger aufgesessen«, sagte meine Mutter.

Mein Vater schüttelte den Kopf, als wäre der Gedanke völlig abwegig. Gleichzeitig fiel ihm kein Argument ein, mit dem er diesen Verdacht aus der Welt schaffen konnte. Nicht zum ersten Mal stand unausgesprochen der Gedanke im Raum, dass sich irgendeine dunkle Macht gegen uns verschworen haben könnte.

Dabei war es kein Riesenbetrag, auf den wir warteten, keine astronomische Summe, mit der sich all unsere finanziellen Probleme lösen ließen. Es handelte sich nur um die Provisionen meines Vaters, die sich aus den Verkäufen der Wasserfilter zusammengeläppert hatten und die nun, nach Ablauf des ersten Quartals, fällig wurden. Der Plan war, das Geld vollständig abzuheben, bevor Herr Kuhn, unser Gerichtsvollzieher, auf die Idee kam, es zu pfänden. Dann wollten wir damit die kalten Platten bezahlen, die wir uns für meine Konfirmation geleistet hatten, tanken fahren und weiße Rosen für die Rabatten am Pool kaufen.

Ich hatte mir vorgenommen, während meine Eltern durchs Gartencenter streiften, im Kaufhaus Reuter das Samtsakko anzuprobieren und es mir, wenn es passte, von meinem Konfirmationsgeld zu kaufen. 550 Mark waren in gefütterten Umschlägen und feierlich betexteten Glückwunschkarten zusammengekommen. Wir waren alle überrascht, wie großzügig sich die Verwandtschaft gezeigt hatte.

Auch sonst war alles gut gelaufen: Tante Ingeborg hatte das Roastbeef durch den Zoll geschmuggelt und für die Kaffeetafel eine Schwarzwälder Kirschtorte gebacken. Die Erwachsenen waren lustig gewesen, hatten gelobt, wie schön es bei uns sei, und waren am Ende, als alles schon vorbei war, in den neuen Pool gesprungen. Niemand hatte den Kuckuck am Fernseher und am Klavier gesehen oder auch nur an ihn gedacht. Und ich war jetzt vermögend.

»Hör mal, Spatz«, sagte meine Mutter, während mein Vater den Zündschlüssel im Schloss drehte und mit dem Motor das Radio anging. Nicole sang von der Hutablage und aus den Türpolstern: *Dann seh ich die Wolken, die über uns sind, und höre die Schreie der Vögel im Wind,* während meine Mutter den pragmatischen Ton für die vernünftigen Vorschläge anschlug. »Du musst uns Geld vorstrecken.«

Meine Gedanken überschlugen sich. Das Samtsakko, die Frankreichfahrt, Jean-Philippe, alle Pläne und Möglichkeiten, gerade erst in greifbare Nähe gerückt, lösten sich schon wieder in Luft auf. Andererseits fühlte ich mich geschmeichelt. Ich wurde durch mein Geld vorübergehend zum Versorger und könnte, wenn ich wollte, in dieser Rolle einen verantwortungsvollen Umgang mit dem Geld anmahnen.

Gleichzeitig war mir klar, dass meine Eltern bei all den

Verbindlichkeiten und Schulden in nächster Zeit kaum eine Summe von 550 Mark übrig haben würden, selbst wenn die Provisionen von den Wasserfiltern fließen sollten, und ich das Geld, einmal ausgehändigt, so schnell nicht wiedersehen würde.

»Alles?«, fragte ich. »Das ganze Geld?«

»Es ist ja nur vorübergehend«, sagte mein Vater und drückte aufs Gaspedal. Deutsche Bank und Fischgeschäft verschwanden aus unserem Blickfeld, und Geige und Harfe aus dem Radio verbanden sich mit dem Geruch der Ledersitze zu einem Gefühl, dass alles seine Richtigkeit hatte.

Auf der Betonstraße, kurz hinter Buschhausen, fragte mein Vater: »Wollen wir einen Abstecher machen?«

Meine Mutter sagte, sie hätte in diesem Moment genau den gleichen Gedanken gehabt, und mein Vater setzte den Blinker.

Die schmale Straße war von Bäumen gesäumt, führte an Kuhwiesen entlang und war bis zum Abzweig frisch geteert. Hier war am Wochenende mehr Verkehr, wenn die Leute aus dem Bremer Umland angerauscht kamen. Heute, am Dienstagnachmittag, war der Parkplatz nicht mal zu einem Drittel besetzt.

Der Weg über kiesbestreute Platten, an Blumenkübeln, bepflanzt mit Stiefmütterchen und Efeu, und der sauberen Glasfront entlang war eine Promenade, auf der wir in den Schlenderschritt verfielen. Jedes Schaufenster war ein komplett eingerichtetes Zimmer und ein erster Einblick in eine Welt, in der alles neu und in Ordnung war.

Die Schiebetür öffnete sich. Schwarze pelzige Raupen

Wohin geht die Reise?

Diogenes

Mehr über uns? diogenes.ch/friends

krochen unter unseren Schuhsohlen hindurch und säuberten uns vor dem Eintritt durch die zweite Tür in die Welt von Möbel Meyerhoff und dem Beginn unseres Rundgangs.

In den Kojen waren die Sitzmöbel, Schränke und Regale mit Vasen, Bechern, Buch- und Fernseherattrappen so gestaltet, dass man sich vorstellen konnte, auf der Stelle einzuziehen und einen Neuanfang zu machen. Teppiche und Möbel schluckten die Geräusche, und die gedämpfte Stille machte unseren Spaziergang zu einer feierlichen Angelegenheit. Eingelullt von leiser getragener Musik, ließen wir rechts und links unsere Blicke schweifen und stellten uns im Vorbeigehen vor, wie es wäre, in Sitzlandschaften aus Leder auf Schränke zu schauen, die oben abgerundet waren und dem Wohnzimmeraufenthalt mit dem Bogen etwas Erhabenes verleihen könnten, während im Halbdunkel Möbelverkäufer in blauen Uniformen vorbeihuschten, die blaue Mappen unterm Arm trugen, in der Nähe waren und doch Distanz hielten. Wir hatten kein Ziel und landeten trotzdem, als hätten wir uns abgesprochen, bei der Koje, die eine so große Anziehungskraft hatte, dass wir zum ersten Mal aus dem Trott fielen und wie vor einer Sehenswürdigkeit stehen blieben.

Die Holzschränke waren moosgrün gehalten und wirkten mit der Farbe wie angestrichen. Auf den Türen waren schmale Zierleisten angebracht, sodass sich Felder ergaben, in die – anscheinend von Hand – bunte Blumen gepinselt waren. Tulpen, Anemonen und Enzian erinnerten stark an die Bemalungen auf den Kuhglocken, die wir aus den Urlauben am Schluchsee, im Kleinwalser- und Altmühltal mitgebracht hatten und in Schubladen verschwunden waren. Die Schränke standen auf Füßen, die wie zusammengequetschte Kugeln aussahen, was plump und altertümlich wirkte und auch unpraktisch war, weil man wohl, wie meine Mutter zu bedenken gab, mit unserem alten Staubsauger nicht darunter kam. Aber bei den Bauernmöbeln war es stimmig und eines von vielen Details, die sich zu einem Gesamtkunstwerk fügten. Hier seine Zeit zu verbringen und in karierter Bettwäsche zu schlafen musste sich anfühlen wie Urlaub.

Der Möbelverkäufer bestätigte unsere Einschätzung, hob die verzierten Schlüssel und Scharniere hervor, die das Bild abrundeten, und nannte sie das i-Tüpfelchen. Andächtig machten wir die Schranktüren auf und wieder zu, und wer dachte, sie würden knarren oder quietschen, sah sich getäuscht. Es waren eben keine alten, sondern fabrikneue Möbel.

»Wäre das perfekte Gästezimmer«, meinte mein Vater.

»Oder ein schönes Nähzimmer«, sagte meine Mutter.

Im Erfrischungsraum, mit Blick auf den Parkplatz und die Kühlerhauben, zerbrachen wir uns den Kopf, wie und wo man die Bauernmöbel bei uns stellen könnte. Aber man konnte es drehen und wenden, wie man wollte: Es gab keinen Platz. Die einzige Möglichkeit wäre anzubauen, das Haus zu erweitern, einfach eine Etage auf den Bungalow draufzusetzen. Dann müsste Boris auch nicht mehr im Vorratsraum wohnen, und mit den Löchern in der Flurdecke hätte es sich auch erledigt. Entsprechende Pläne gab es bereits, mein Vater müsste sie nur mal aus der Schublade holen.

Aber er schwieg, klatschte Sahne auf seine Obstschnitte,

als wäre es Mörtel und das vierkantige Kuchenstück ein Kalksandstein. Er benutzte die Kuchengabel wie eine Maurerkelle, mit der er den Mörtel auf dem Stein verteilte und zurechtstrich, damit die Masse an den Rändern nicht herunterkleckerte und obendrauf eine saubere Linie bildete. Während er den Kuchenstein systematisch in mundgerechte Stücke teilte und bei jedem Bissen effizient die Krümel mitnahm, dachte er nach.

Wir wussten, er würde eine Lösung finden, wie er am Ende auch eine Lösung für den Meyerhoff-Eckschrank fand, in den wir uns zuletzt verguckt hatten. Das Möbelstück stand jetzt auf dem Essplatz, wo es sich nahezu perfekt ins Bild mit dem Esstisch aus Nussbaum und den Stühlen fügte, die mit grünem Cordsamt bezogen waren. Im Unterschrank hatten die Tassen und Teller von Hutschenreuther mit den Buschwindröschen ihren Platz gefunden, im Oberschrank, hinter dem Sprossenfenster, die bunten Römer und grob geschliffenen Portweingläser. Auf der dreieckigen Fläche zwischen Ober- und Unterschrank stand auf goldenen Füßchen die Porzellanuhr mit dem von Porzellanblumen und kleinen Vögelchen umrahmten Zifferblatt – ein Mitbringsel aus Schloss Neuhaus im Solling –, wie sie auch bei Kaiserin Maria Theresia im Schloss Schönbrunn stehen könnte, das wir im Wien-Urlaub besichtigt hatten.

Zuvor war die Gardine abgehängt worden, die jahrelang in einer geraden Linie vor dem großen Wohnzimmerfenster hing, bis sie, nikotingelb geworden und als Fetzen verspottet, durch ein Gebilde ersetzt wurde, das in Form und Raffung an einen Theatervorhang erinnerte. Die kugelrunde orangefarbene Kunststofflampe über dem Marmortisch wich einer Messinglampe mit getönten Glasscheiben. Bunte Perserbrücken, ein goldener Kerzenleuchter auf dem Klavier und zwei Sesselchen mit Gobelinbespannung waren einfache, zum Meyerhoff-Mitnahmepreis erhältliche Ergänzungen, die halfen, einen schlichten Bungalow nach und nach in ein kleines Schloss zu verwandeln und die Illusion zu erzeugen, es gäbe eine Tradition, an die wir anknüpften, und eine Sicherheit und Gewissheit, dass alles, was meine Eltern aufbauten, Bestand haben und von Dauer sein würde.

Die Bauernmöbel, meinte mein Vater und strich sich mit der Serviette über den Schnauzbart, könnten in Angelas Zimmer aufgestellt werden, wenn sie im Herbst zum Studieren aus dem Haus ging und ihre Möbel mitnahm.

Wir nickten eifrig, und das Schreckensszenario von Angelas bevorstehendem Auszug bekam überraschend eine neue, interessante Komponente.

Für heute begnügten wir uns mit dem Kauf von kleinen Brokatuntersetzern, die sich hübsch unter der Porzellanuhr machen würden und auch zum Kerzenleuchter passten – solange er noch auf dem Klavierdeckel stand, unter dem der Kuckuck klebte.

Es dämmerte, als wir in unseren Weg einbogen und die Autos sahen, die vor unserem Haus parkten: ein Volvo mit Bremer Kennzeichen, ein Golf aus Verden und ein R5 mit OHZ-Nummernschild. Mein erster Gedanke war: Angela hatte Besuch, machte vielleicht eine Fete, aber ohne Ankündigung, an einem Dienstag kurz vor dem Mündlichen, war es unwahrscheinlich, und dann fiel mir ein, dass sie bei ihrer Freundin im Rehwinkel war und Bio paukte.

Corinna empfing uns im Windfang mit den Worten: »Da sind Leute im Garten.«

Ohne seine Schuhe auszuziehen, ging mein Vater wortlos an ihr vorbei ins Wohnzimmer. Wir folgten ihm und schauten, ohne das Licht anzumachen, in den Garten hinaus.

Corinna hatte recht. Zwei Typen liefen zwischen den Lärchen herum. Ein dritter stand mitten auf dem Rasen, hatte die Hände herausfordernd in die Hüften gestemmt, während eine Frau im Kleid malerisch am Pool saß und verträumt eine Hand ins Wasser baumeln ließ.

Mein Vater riss mutig die Terrassentür auf, trat hinaus und machte hinter sich wieder zu, als wollte er damit sagen, dass wir besser drinbleiben sollten.

Wir beobachteten, wie er über den Rasen zu den Leuten ging, konnten aber nicht verstehen, was er sagte oder was die Leute antworteten. Die Männer zwischen den Lärchen kamen herüber, einer von ihnen zeigte zum Haus, der andere zum Pool, wo die Frau saß und ins Wasser schaute, als würde sie das Gerede der Männer nichts angehen.

»Wollen die unser Haus?«, fragte Corinna.

»Das hätten sie wohl gerne«, schnaubte meine Mutter und berichtete, ohne die Leute aus den Augen zu lassen, es gäbe in der Kreisverwaltung einen gewissen Herrn Vulpius, der unser Haus schon seit Längerem im Visier habe und nur auf einen günstigen Moment warte, um es sich unter den Nagel zu reißen und dann mit seiner Kommune bei uns einzuziehen. Das habe ihr die Schnakenberg auf dem Katasteramt gesteckt.

Ein weiterer Mann betrat von der Seite unsere Terrasse. Mit den anderen zusammen handelte es sich um die fünfte Person. Er trug Latzhose, Clogs und hatte einen Pferdeschwanz.

Ich wich ins dunkle Zimmer zurück und spürte, wie mir vor Schreck das Blut in den Kopf schoss.

»Ist das nicht ...«, fragte meine Mutter.

»Ja«, murmelte ich.

»Wer?«, fragte Corinna.

»Ein Lehrer von uns«, sagte ich.

Herr Grüneweg ließ seinen Blick über die Gartenstühle und den Grill wandern, als würde er sich vorstellen, wie es wäre, hier demnächst ein schönes Barbecue zu veranstalten. Vielleicht funktionierte die Scheibe wie ein Spiegel, oder es war ihm egal, dass hier jemand stehen und ihn beobachten könnte.

Meine Mutter zündete sich eine Zigarette an. Die Flamme erhellte in der Dunkelheit ihr Gesicht, und Herr Grüneweg drehte den Kopf und schaute durch die Scheibe. Unsere Blicke trafen sich.

Es dauerte ein paar Sekunden, dann lächelte er und hob grüßend, fast entschuldigend, die Hand.

Ich rührte mich nicht. Dann hob ich ebenfalls, fast entschuldigend, die Hand.

»Ich glaube, wir sollten wegfahren«, sagte meine Mutter. »Einfach mal raus. Das täte uns allen gut.« Sie pustete den Rauch aus. »Vielleicht ins Fichtelgebirge?«

23

Morgens, wenn es wird hell wird, ist in dem offenen Spalt zwischen Mauer und Dach ein Stück vom Himmel zu sehen, in dem die Schwalben nisten und zwitschern und Siegfried und Marlene schon beim Aufwachen daran erinnern, dass sie jetzt im Grünen wohnen. Sie sind 29 und 34 Jahre alt, seit zehn Jahren miteinander verheiratet. Die Kinder sind fünf, drei und ein Jahr alt. Der Jüngste ist gerade geboren. Sie haben der Stadt den Rücken gekehrt und nicht auf die Bedenkenträger gehört, die meinten, mit vier Kindern in ein halbfertiges Haus im Wald ziehen – das sei verrückt.

Siegfried und Marlene dagegen finden es vernünftig, alles an Zeit, Geld und Benzin zu sparen und in den Innenausbau, die Fertigstellung der Fassade und die Anlage des Gartens zu investieren. Auch wenn es für Außenstehende verrückt aussieht: Der Rohbau hat Dach und Fenster. Die Ölheizung funktioniert, es gibt Strom und ausreichend Platz für die Kinder, während die Dreizimmerwohnung in der Ellhornstraße schon vor einem Jahr, nach der Geburt des dritten Kindes, zu klein geworden war und mit dem vierten endgültig aus allen Nähten platzte. Wo die Zimmertüren fehlen, hängen sie Decken auf und feiern mit dreißig Leuten eine Einweihungsparty.

Die Lücke zwischen Mauer und Dach ist inzwischen geschlossen. Es gibt überall Zimmertüren, Raufasertapete, Nadelfilz und im Wohnzimmer eine Schrankwand, die Marlenes Mutter spendiert hat. Vor der eleganten Front aus weißem Schleiflack, mit Mahagonileisten verziert, nimmt sich das abgewetzte graue Sofa mit den beiden Sesseln aus der Ellhornstraße verhältnismäßig schäbig aus, so wie auch der alte Küchentisch, der auf dem Essplatz steht, nicht gerade eine Augenweide ist.

Bagger und Lastwagen haben draußen beim Wenden und Abladen Hügel und Krater hinterlassen, die sich bei Regen in eine Schlammlandschaft verwandeln, in der die Kinder spielen. Siegfried begrenzt die Brache vorerst mit einer Reihe Pflastersteine und gibt dem Vorgarten eine erste Struktur und dem Sandplatz vor dem Haus eine Form, die sich bei Regen mit Wasser füllt und zum See anwächst, der bis zur Garage reicht und beide Autos davor einschließt. Um vom Haus zum Opel Rekord und zum Renault 4 zu kommen, verlegt er provisorisch Bretter und Holzbohlen und einen Steg zum Baum, an dem der Briefkasten und ein abgesägtes Stück Fallrohr hängen, das als Zeitungsröhre dient.

Die Garage wird bis auf Weiteres als Lagerraum für Farbeimer, Tapeten- und Teppichrollen genutzt und alles, was sonst an Lacken, Styroporplatten und Fliesenkleber für den Innenausbau benötigt wird und normalerweise seinen Platz im Keller hätte. Dass die Autos draußen stehen müssen und die feuchte Witterung vor allem Marlenes Auto zusetzt, dem R4, wäre zu verschmerzen, wenn es sich nur um die Rostlöcher in der Karosserie handeln würde, durch die das Regenwasser ins Wageninnere dringt und sich im Fußraum sammelt. Die Kinder finden es lustig, wie es beim Anfahren und Bremsen hin und her schwappt, und Marlene ist froh, wenn die Kiste überhaupt anspringt.

Sie betet jedes Mal, wenn sie die Kinder nacheinander angezogen und ins Auto verfrachtet hat, was eine halbe Stunde und länger dauern kann, und den Schlüssel im Zündschloss dreht. Egal, ob sie zum Großeinkauf nach Bremen fährt oder zum Tante-Emma-Laden an der B6, ob ein Kind zur Musikschule muss, zum Turnen oder zum Arzt, kein Kind darf allein zurückbleiben, alle müssen mit – zusammen mit vier Waschlappen in der Handtasche, um unterwegs verschmierte Münder und klebrige Hände abzuwischen.

Wenn der R4 nicht anspringt, ist Marlene aufgeschmissen. Sie trägt die Kinder dann wieder zurück ins Haus, zieht ihnen die Jacken, Mäntel und Schuhe wieder aus und fühlt sich, als hätte sie jemand angebunden. Sie könnte durchdrehen beim Gedanken, dass sie einfach nicht wegkommt, und kämpft in diesen Momenten gegen das Gefühl, dass sie sich mit Siegfried kein Haus, sondern eine Falle gebaut hat.

Siegfried zieht an der Grundstücksgrenze eine Mauer hoch, die Haus und Garten gegen den Wald und den Zufahrtsweg abschottet. Das Bauwerk verläuft in einer Höhe von eineinhalb Metern in einem majestätischen Bogen von den Grundstücksecken zur mittig gelegenen Einfahrt, wo es rechts und links mit einem Pfeiler abschließt. Die obere Kante besteht aus wunderschönen Tonfliesen, auf deren geflammter Oberfläche sich im Sommer die Eidechsen rekeln. Im Winter setzen Feuchtigkeit und Frost den Tonfliesen zu.

Die Dinger lockern sich, fallen herunter, müssen aufgehoben und provisorisch wieder draufgelegt werden, die hübsche Kante gerät zu einer krummen und schiefen Angelegenheit, und die Mauer – erst vor Kurzem fertig geworden und eigentlich so elegant konzipiert – sieht hinfällig und uralt aus.

Siegfried sagt, sobald er Zeit hat, nimmt er den Vorschlaghammer, schlägt die Tonfliesen runter und macht den Mauerabschluss neu. Oder er reißt die Mauer gleich ganz ab und ersetzt sie durch einen Jägerzaun, der dann nur einmal im Jahr mit Xylamon 2000 gestrichen werden muss.

Wenn er abends aus dem Dienst kommt, auf Matchbox-Autos tritt und Legosteine aus den Sofaritzen klaubt, ist er oft zu müde, um Hammer oder Pinsel in die Hand zu nehmen und noch etwas am Haus zu tun. Die Kinder haben meistens schon gegessen und werden von Marlene ins Bett gebracht. Wenn dann Ruhe einkehrt, Marlene das Essen richtet und Geschirr spült, berichtet sie, was sich tagsüber so zugetragen hat, wobei Frau Bollendonk, abgesehen von den Kindern, oft die einzige Person ist, die sie tagsüber zu Gesicht bekam und mit der sie ein paar Takte geredet hat, wenn sie zwischen zehn und elf auf ihrem Postfahrrad in Schlangenlinien um die Schlaglöcher herum angequietscht kommt.

Alles dreht sich um die Kinder und darum, dass Boris sich inzwischen nichts mehr aus der Hand nehmen lässt und alles allein machen will, während Angela bei allem, was sie tut, entsetzlich trödelt. Corinna singt den ganzen Tag, und Daniel schreit, weil er überallhin mitgenommen werden will, aber nicht allein geht, sondern nur an der Hand.

Die Kinder haben Masern, Fieber und Erkältungen, aber nie gleichzeitig, sondern hübsch der Reihe nach, schlafen dann wenig und kommen ständig angeheult, auch nachts. Hosen sind entweder zu kurz, zu klein oder kaputt und neu für nicht unter zwanzig Mark zu kriegen. Dazu kommt der Bedarf an Jacken und Mänteln, Pullovern, Blusen und Kleidern, Stiefeln, Halbschuhen und Sandalen.

Ingeborg schickt aus Amerika, was sie entbehren kann und ihre Kinder nicht mehr anziehen, und Marlene arbeitet die Sachen um, trennt auf, setzt neu zusammen, verlängert, kürzt, flickt und strickt. Aber sie kann es drehen und wenden, wie sie will: Hundert Mark gehen allein schon für den Wocheneinkauf drauf, und das sind dann nur die Lebensmittel.

Sie bestärkt Siegfried, eine Stelle im Architekturbüro in der Neustadt anzunehmen, wo er nicht nur 200 Mark mehr im Monat verdient, sondern als technischer Zeichner auch kreativer und freier arbeiten kann als auf seiner Beamtenstelle in der Oberfinanzdirektion.

Nach zwölf Dienstjahren verabschiedet sich Siegfried von seinen Kollegen beim Bremer Staat, dem Kantinenessen und Bezügen, die über die Jahre bei geregelten Arbeitszeiten langsam, aber zuverlässig steigen. Er trägt als angestellter Architekt keine Krawatte mehr, lässt sich einen Schnauzbart stehen und geht wie gewohnt morgens um 7.30 Uhr aus dem Haus, kehrt abends aber nicht mehr wie früher als Beamter gegen 17 Uhr, sondern oft erst gegen 19 Uhr zurück.

Nach Ablauf der Probezeit, spätestens am Jahresende will Siegfried beim Chef vorsprechen und sein Gehalt neu verhandeln, und Marlene überlegt, eine Haushaltshilfe zu nehmen, die einmal in der Woche kommt und Ordnung in das bringt, was sie in ihren Briefen an Ingeborg wahlweise als »Saustall« oder als »Räuberhöhle« bezeichnet.

»Du bist zu anspruchsvoll«, sagt ihre Schwiegermutter, Oma Henriette.

»Das finde ich nicht«, antwortet Marlene.

Sie meint, eine geübte Kraft brauche fünf Stunden, um einmal in der Woche durch alle Zimmer und Badezimmer zu kommen, aufzuräumen und zu putzen. Doch für unter fünf Mark pro Stunde ist niemand zu kriegen, und Marlene nimmt wieder Abstand von der Idee.

Sie bekommt eine neue Waschmaschine, einen Vollautomaten, der nicht nur wäscht, sondern auch gleich das Schleudern erledigt. Die Sachen, die sonst tagelang auf der Leine hängen, kommen schon fast trocken heraus – auch die Sportmäntel, die Marlene mit Pelerine und weißem Flauschfutter für die Kinder genäht hat: hellblau für Daniel, rot für Corinna, beige für Boris, hellgrün für Angela.

Der Orthopäde diagnostiziert bei Daniel eine Fußgelenksschwäche, die erklärt, warum er nicht laufen will, und verschreibt Einlagen. Die Hirnhautentzündung, mit der Boris ins Kreiskrankenhaus kommt, entpuppt sich nur als schwere Angina, und die Platzwunde an Corinnas Stirn kann von der Hausärztin mit drei Stichen genäht werden. Nur für den hohen Blutdruck bei Angela findet sich keine Erklärung. Bis die Ärzte im Krankenhaus in Bremen-Blumenthal bei ihren Untersuchungen eine Gefäßverengung feststellen, die die Nierenfunktion einschränkt und lebensbedrohlich ist. Die Neunjährige wird ins Universitätsklinikum nach Göttingen überwiesen, wo sie von Spezialisten operiert wird und danach drei Monate – viele Hundert Kilometer von zu Hause entfernt – zur Beobachtung bleiben muss.

Marlene verliert an Gewicht, wiegt nur noch 56 Kilo, schläft schlecht, ist tagsüber müde und fällt beim Autofahren auf dem Schierhorster Weg in einen Sekundenschlaf. Sie verliert die Kontrolle über ihr Fahrzeug, rutscht mit drei Kindern auf dem Rücksitz in den Straßengraben, und die Ärztin verschreibt ihr ein Aufputschmittel.

Angela wird nach eineinhalb Monaten aus dem Krankenhaus entlassen, muss sich schonen und wieder zu Kräften kommen. Als Belohnung für ihre Tapferkeit bekommt sie einen Hund, Boris eine Katze.

»Du verwöhnst die Kinder zu sehr«, sagt Marlenes Mutter, Oma Lydia.

»Das finde ich nicht«, antwortet Marlene.

Siegfried wechselt in ein Architekturbüro nach Rotenburg. Seine Fahrtzeit verdoppelt sich für eine Strecke auf über eine Stunde, dafür erhöht sich sein Gehalt auf 1800 Mark im Monat. Nach Ablauf der Probezeit kommt er sogar auf 2000 Mark.

Marlene nutzt ihre Zeit, wenn die Kinder im Bett sind und sie mit dem Essen auf Siegfried wartet, und lackiert Türzargen und Fußleisten. Sie verlegt im Flur Fliesen und im Kaminzimmer orangefarbenen Teppich und malt Esstisch und Stühle dunkelgrün. Sie überklebt Gänseblümchentapeten mit Sonnenblumen, streicht die Raufasertapeten in den Kinderzimmern gelb und orange und nutzt finanzielle Spielräume und wechselnde Stimmungen, um das Haus nach ihren Vorstellungen umzugestalten, und kämpft dabei gegen ein unbestimmtes Gefühl, für das sie kein Wort hat.

Von Stillstand kann jedenfalls keine Rede sein. Sie muss sich nur umschauen, sieht überall neue Farben, Muster, Tapeten, Decken- und Wandverkleidungen, und auch eine Sackgasse lässt sich nicht erkennen. Nur eine Sache beklagt sie in ihren Briefen an Ingeborg: dass alles an Zeit und Geld fürs Haus und die Kinder draufgeht und sie nicht mal Muße findet, ein Buch zu lesen. Auch der letzte Tanzabend in der ›Vegesacker Strandlust‹ liegt schon wieder Jahre zurück. Die einzige Abwechslung ist einmal im Monat der Kegelabend, bei dem es manchen allerdings nur noch ums Saufen statt ums Kegeln zu gehen scheint. Die Männer machen dann anzügliche Witze und schwadronieren von Partnertausch, Frauen von Emanzipation und Selbstverwirklichung.

Marlene bekommt unerwartet einen Anruf von Hugo, ihrem Verehrer aus der Zeit an der Baumwollbörse. Er holt sie mit dem Auto ab, führt sie in Bremen zum Essen aus, und die Vergangenheit wird wieder lebendig. Zum Abschied erneuert Hugo sein Versprechen, das er ihr schon einmal gab, als sie sich entschied, Siegfried zu heiraten: Sollte sie einmal in Schwierigkeiten stecken, dürfe sie keine Sekunde zögern, ihn anzurufen. Er werde ihr helfen – egal, um was es sich handle.

Im Freundeskreis gehen Ehen in die Brüche. Wer sich entscheidet, getrennte Wege zu gehen, wird von Siegfried und Marlene übereinstimmend als »übergeschnappt« und »endgültig verrückt geworden« bezeichnet, nicht mehr angerufen und nicht mehr eingeladen, bis der Kontakt einschläft oder abbricht.

Hinter dem Haus wird der Wald gerodet, Mutterboden aufgebracht und Rasen gesät. Marlene pflanzt Büsche und Blumen. Siegfried tritt einem Bibelkreis bei und diskutiert die Fragen, die ihn immer stärker umtreiben: Worin besteht eigentlich der Sinn des Lebens? Gibt es einen Gott und ein Leben nach dem Tod?

Er wechselt in ein Architekturbüro in Bremen-Oberneuland, wo er noch einmal achthundert Mark mehr verdient und nun auf ein Monatsgehalt von fast zweieinhalbtausend Mark kommt. Die Fahrtzeit ins Büro verkürzt sich, und die gleitende Arbeitszeit erlaubt ihm den Luxus, morgens länger zu schlafen. Er verlässt das Haus nur noch selten vor neun Uhr und kommt abends frühestens um acht Uhr zurück, manchmal erst gegen neun oder zehn – was dazu führt, dass er am nächsten Morgen noch schwerer aus dem Bett findet.

»Spaß macht das nicht«, schreibt Marlene an ihre Schwester und stellt fest: »Irgendwie läuft der Laden nicht.«

Boris ist in der Schule aufsässig, Corinna vernachlässigt ihre Hausaufgaben, und Daniel weigert sich, in den Kindergarten zu gehen. Oma Lydia sieht darin das Resultat von Marlenes Erziehungsmethoden und kritisiert, dass die Kinder »frech und ungezogen« seien, was Marlene von sich weist und von »lebhaft« spricht. Sie kontrolliert jedoch verstärkt die Aufgaben- und Schulhefte, lässt sich im Zuge der Elternmitbestimmung in den Schulbeirat wählen und fährt mit Angela zur Krankengymnastik, weil der Arzt, als Folge der Operation, einen Haltungsschaden diagnostiziert: Die schwache Bauchdecke fällt nach vorne, und der Rücken wird krumm.

Willy Brandt tritt nach der Guillaume-Affäre als Bundeskanzler zurück. Helmut Schmidt wird zum Nachfolger ernannt, und Siegfried meldet beim Finanzamt ein eigenes Gewerbe an, nachdem sein Chef sich bereit erklärt hat, mit ihm auch als freiem Architekten zusammenzuarbeiten, und ihm bei der derzeitigen guten Auftragslage so viele Projekte zusichern kann, dass Honorare von monatlich bis zu 7000 Mark anfallen.

Siegfried mietet in der Bremer Vorstadt einen Büroraum in der Stader Straße und akquiriert selbst, um die Abhängigkeit von seinem Chef zu verringern. Allmählich erhält er so viele Aufträge, dass er eine freie Mitarbeiterin einstellt.

Frau Schaller übersetzt seine Entwürfe und kreativen Ideen in technische Zeichnungen, und Marlene übernimmt die Schreibarbeiten, die sie abends zu Hause erledigt, wenn die Kinder im Bett sind. Ins Büro in der Stader Straße kommt sie einmal in der Woche, um staubzusaugen und nach dem Rechten zu sehen.

Sie wird das Gefühl nicht los, dass Siegfried, der oft bis spät in den Abend, manchmal bis tief in die Nacht arbeitet, mit Frau Schaller nicht nur über Abstandsflächen, Traufhöhen und Fluchtwege diskutiert, sondern auch über die Erkenntnisse, die er in seinem Bibelkreis gewinnt, und dass ihre Offenheit, bezogen auf die großen Fragen des Lebens, dazu führt, dass die Arbeit mitunter vernachlässigt wird und die Gespräche so intensiv sind, dass sie das eine oder andere Mal bei einem Absacker in der Kneipe fortgesetzt werden. Doch wenn Siegfried anruft und sagt, dass es wieder einmal später wird, kann sie nichts anderes tun, als ihn zu ermahnen, sich seine Zeit und die Arbeit besser einzuteilen, und ihn – wenn er nach Hause kommt – in die Kinderzimmer zu schicken, damit er nach seinem Nachwuchs sieht und sich erinnert, dass er auch eine Verantwortung und ein Leben als Familienvater hat.

Als es eines Abends wieder auf Mitternacht zugeht und bei Siegfried im Büro seit Stunden niemand mehr ans Telefon geht, lässt sie die schlafenden Kinder allein, steigt ins Auto und fährt so schnell sie kann nach Bremen, wo sie im Steintorviertel, unweit vom Büro, die Kneipen und Bars abklappert, bis sie Siegfried gefunden hat.

Zu Hause droht sie ihm, sich das Theater nicht mehr lange anzuschauen, wirft mit Geschirr und sagt, sie hätte Möglichkeiten und könne, wenn sie wolle, auch ein ganz anderes Leben führen.

Siegfried kündigt seinen Büroraum, beendet die Zusammenarbeit mit Frau Schaller und verfrachtet die Zeichenplatte nach Hause ins Wohnzimmer, zieht zwischen Schrankwand und Polstergarnitur seine Striche, empfängt seine ersten eigenen Bauherren, die Webers, und breitet mit dem Zigarillo zwischen den Zähnen die Pläne auf dem Wohnzimmertisch aus. Marlene serviert Kekse, Schnittchen und Knabberzeug und räumt zu den Mahlzeiten die Akten vom Esstisch, die sich im Wohnzimmerschrank und davor stapeln. Eine Lösung muss her.

Sie räumen den Vorratsraum frei, stellen die Zeichenplatte unter die kleinen Fenster und die Aktenordner in die Regale. Doch das Büro, einst konzipiert, um H-Milch-Kartons, Konservenbüchsen und Sprudelkisten zu lagern, ist so dunkel, dass Siegfried tagsüber lieber am Haus oder im Garten werkelt und erst am Abend, wenn es ohnehin dunkel ist, durch die schmale Tür zwischen den Wandschränken verschwindet und mit der Arbeit beginnt – die dann bis tief in die Nacht andauert. Doch er hat eine Idee.

Er räumt die Garage aus, reißt das Garagentor heraus, stemmt den Estrich auf und lässt eine Fußbodenheizung und moosgrünen Teppich verlegen. Ein großes Fenster wird eingebaut und die Metalltür durch eine moderne Bürotür aus Glas ersetzt. Die Zeichenplatte wandert ans Fenster. Zwei Schreibtische werden einander so gegenübergestellt, dass es noch Platz gibt für einen gläsernen Besprechungstisch und vier Stühle aus Stahlrohr.

Marlene pflanzt vor dem Fenster Rosen, und Siegfried verschraubt an der Mauer ein Schild mit dem zweifarbigen Emblem der neuen Firma, das auch auf Prospekte, Visitenkarten und Briefpapier gedruckt wird und samstags im Anzeigenteil des *Weser Kuriers* erscheint: drei Buchstaben, die zusammen ein Haus mit Spitzdach ergeben.

Vertreter werden angeheuert, mit dem Konzept von Hormann Massiv Haus vertraut gemacht und in ihr Aufgabengebiet eingewiesen. Einer von ihnen, Herr Stark, erweist sich als besonders fähig und ambitioniert, und Marlene schreibt an ihre Schwester: »Ich glaube, langsam sind wir über den Berg.«

24

Jesus am Kreuz — Jésus sur la croix
Frühstücksraum — salle de petit déjeuner
mit dem Kugelschreiber ein Kreuz machen — faire une croix
avec le stylo à bille

Vom Fichtelgebirge waren nur Umrisse zu sehen, die ab und zu zwischen tiefhängenden Wolken und Regenschwaden hervorschauten und wieder dahinter verschwanden, ohne dass sich ein Bild zusammensetzte, das irgendetwas mit dem zu tun hatte, was auf den Ansichtskarten zu sehen war, die wir am Kiosk mit Zigaretten und Regenschirmen kauften.

Wir rannten im Regen über den leeren Marktplatz, stemmten das Tor der Kirche auf und warfen einen Blick ins düstere Innere, auf Jesus am Kreuz und das Blut, das dort an seinen Händen und Füßen hinunterrann, wo man ihm die Nägel eingetrieben hatte, schauten beim Rausgehen auf die Orgel und die bunten Fenster und sagten: »Das ist doch wirklich schön.« Und: »Hat sich gelohnt, der Abstecher.«

Im Café bestellten wir Kaffee und Cola, Kuchen und Torte und machten mit dem Kugelschreiber ein Kreuz, wo auf der Ansichtskarte in saftiger grüner Landschaft, unter blauem Himmel, unser Hotel ›Zur Sonne‹ zu sehen war.

Meine Mutter textete an die Omas: *Das Wetter ist gemischt, aber wir genießen die Zeit in vollen Zügen.*

Corinna fügte der Karte an Angela und Boris die Worte hinzu: *Ich wünschte, ich wäre auch zu Hause geblieben.*

Ich schrieb an Zoe: *Ich denke viel an Dich. Mit dem neuen Simmel bin ich bald durch.*

Wir rannten vom Café zum Auto, fuhren in den nächsten Ort, zum nächsten Marktplatz, flüchteten uns in die nächste Kirche und kehrten im Restaurant ein, wo wir Rumpsteak mit Kräuterbutter und Pommes bestellten und uns voller Wehmut erinnerten, wie wir einst im Kleinwalsertal bei Sonnenschein bis zur Schneefallgrenze gekraxelt waren und im Schwarzwald um den Schluchsee herum. Statt Regenschirmen hatten wir Spazierstöcke gekauft, und das Grüß Gott war uns am Ende schon ganz selbstverständlich über die Lippen gekommen.

Die Himmelsschlüssel, die wir damals kurz vor der Rückfahrt ausgegraben und mit der Schmutzwäsche im Kofferraum nach Norddeutschland transportiert hatten, waren im Garten zwischen Stiefmütterchen und Rittersporn innerhalb weniger Tage in der lehmigen Erde verkümmert. Auch die Kuhglocken aus dem Andenkenladen, mit Enzian und Edelweiß bemalt, konnten nicht das Bild friedlicher brauner Kühe heraufbeschwören, wenn wir sie zu Hause läuteten und der Klang, der uns im Urlaub so gut gefallen hatte, nur noch ein ohrenbetäubender Krach war.

Das Zeug verschwand mit Wimpeln und Wetterhäuschen in der Schublade und der grüne Lodenhut im Schrank. Der

Deckel mit dem breiten schwarzen Samtband auf dem Kopf meiner Mutter sah auf der Bahnhofstraße wahnsinnig komisch aus, ganz anders als in Mittenwald, wo wir ihn gekauft hatten. Nur mein Vater trug seinen grauen Filzhut wie die selbstverständlichste Sache der Welt, wenn er damit zum Elternabend ging oder in den Baumarkt und ihn gar nicht mehr absetzte.

»Morgen soll das Wetter umschlagen«, sagte der Mann in der Strickjacke an der Rezeption, als wir ihn nach dem Schlüssel für den Frühstücksraum fragten, wo oben auf dem Regal der Fernseher stand, aber das hatte er auch schon gestern und vorgestern behauptet.

Der Wetterbericht zeigte etwas anderes, auch wenn das grobkörnige Schwarz-Weiß-Bild so klein war und so weit weg zwischen Zinnkrügen stand, dass wir auf *Ein Colt für alle Fälle* und *Dallas* verzichteten und aufs Zimmer gingen.

Durch die Sprossenfenster kam ein kalter Luftzug. Kopfkissen und Decke fühlten sich klamm an, und Corinna sagte beim Einschlafen, das sei exakt das Leben, das uns bevorstünde, wenn unser Haus erst unter den Hammer kam.

Am nächsten Morgen, es war noch nicht hell, kam meine Mutter ins Zimmer und knipste das Deckenlicht an. Sie war schon vollständig angezogen, holte den Koffer vom Schrank, warf ihn aufs Bett und sagte: »Wir reisen ab.«

»Nach Hause?« Corinna war von einer Sekunde auf die andere hellwach.

»Richtung Süden. Los, beeilt euch.«

Wir tankten voll, kauften Bounty und nimm2 und fuhren auf die Autobahn.

Kurz vor Ulm, der Scheibenwischer war auf Intervall, stellte mein Vater das Radio leiser und fragte: »München oder Karlsruhe?«

»München«, sagte ich.

Mein Vater setzte den Blinker und ordnete sich ein, als meine Mutter sagte: »Karlsruhe.«

»Sicher?«, fragte mein Vater.

»Ja. Ganz sicher.«

Er riss das Steuer herum.

»Was wollen wir in Karlsruhe?«, fragte ich, und Corinna jammerte: »Fahren wir noch lange?«

Meine Mutter klappte den Straßenatlas auf, zündete sich eine Zigarette an und sagte: »Wir fahren so lange, bis die Sonne scheint.«

25

Marlene und Siegfried wohnen seit fast zehn Jahren in ihrem Bungalow zwischen Wald und B6. Die Mauer am Weg ist einem Jägerzaun gewichen. Die Stellplätze für die Autos sind gepflastert und am Haus und an den Grundstücksgrenzen Beete mit Büschen, Sträuchern und Stauden angelegt. Rosen werden gespritzt, Hortensien gestutzt und die Kinder ermahnt, die Hinterlassenschaften der Hunde mit der Schaufel einzusammeln und zum Loch zu bringen, das Siegfried hinter den Tannen gegraben hat. Wenn lange genug die Schönheit der Wiese gepriesen wurde, müssen die beiden Großen, Angela und Boris, Rasen mähen und die beiden Kleinen, Corinna und Daniel, Rasenkanten schneiden.

Sie sind dem Dreirad und Kettcar entwachsen, auf Bonanza-, Renn- und Tourenräder umgestiegen und haben, seit Boris mit seinen Sachen in den Vorratsraum gezogen ist, jeder ein eigenes Zimmer. Die Platzfrage droht sich wieder zu stellen, als Marlene – berührt von den Bildern in der Tagesschau und den Reportagen im *Stern* – laut darüber nachdenkt, wie es wäre, ein oder zwei verwaiste oder hungernde Kinder aus Vietnam oder Afrika aufzunehmen.

Dem Einwand von Angela, Boris, Corinna und Daniel, dass ihr hoffentlich klar sei, wie eng es dann im Haus werden würde, begegnet Siegfried mit dem Hinweis auf christliche Nächstenliebe und einen Wohlstand, der als viel zu selbstverständlich hingenommen werde.

Er fängt an, einen Kasten zu skizzieren, der mit abgeschrägten Wänden auf den hinteren Teil des Hauses draufgesetzt werden könnte. Für die Treppe müsste ein Kinderzimmer weichen, dafür würden oben vier zusätzliche Räume entstehen, und ein drittes Badezimmer wäre auch drin.

Die Finanzierung des Projekts ist im Moment jedoch fraglich und kann unmöglich aus der Portokasse bezahlt werden, wie es bei den Restaurantbesuchen, Urlaubsreisen nach Salzburg, Wien und Graz und kleineren und größeren Spontankäufen zur Gewohnheit geworden ist. Die Umsätze bei Hormann Massiv Haus sind rückläufig, und das schon so lange, dass von saisonalen Schwankungen oder einer vorübergehenden Flaute kaum mehr gesprochen werden kann. Ölkrise und steigende Arbeitslosenzahlen sorgen allgemein für Verunsicherung. Zinsen steigen, Darlehen werden immer teurer, und Interessenten und potenzielle Bauherren, die nach dem Konzept von Hormann Massiv Haus so viel wie möglich selber machen sollen, um die Belastung durch den Bankkredit niedrig zu halten, können die Mehrkosten, die die hohen Zinsen verursachen, durch Eigenleistung nicht mehr kompensieren. Bei Leuten mit kleinem Einkommen, der Kernklientel von Hormann Massiv Haus, platzt der Traum vom eigenen Haus zuerst – einer nach dem anderen.

In dieser Situation errechnet das Finanzamt für die vergangenen Jahre, in denen die Einnahmen noch sprudelten, teilweise beträchtliche Steuerrückstände und verlangt

Nachzahlungen in einer Höhe, die vor allem auch deshalb aberwitzig erscheinen, weil das Geld, das in der Vergangenheit hereinkam, schon längst wieder abgeflossen ist. Der tägliche, wöchentliche und monatliche Bedarf ist groß und immer größer geworden. Bedürfnisse, die befriedigt und gesättigt werden, stehen gewachsenen Ansprüchen gegenüber – zumal ja auch immer wieder neues Geld hereinkam. Über Rücklagen hatten sie sich nie Gedanken gemacht, und sparsam zu leben war noch nie eine Disziplin, für die Siegfried und Marlene großes Talent oder Interesse bewiesen hätten.

Dazu kommt, dass es unter ihren Bauherren, die inzwischen in ihr fertiges Haus gezogen sind, schwarze Schafe gibt, sogar mehr als erwartet, die die letzte Rate schuldig bleiben und auf vermeintliche Baumängel verweisen, die angeblich auf Hormann Massiv Haus und eine falsche Betreuung und Beratung zurückzuführen seien. Deshalb seien dann angeblich die Kosten aus dem Ruder gelaufen.

Siegfried und Marlene engagieren Rechtsanwälte und ziehen vor Gericht, was Zeit und Nerven kostet und nur in seltenen Fällen zur vollständigen Erstattung der Außenstände führt – selbst wenn Prozesse in zweiter oder dritter Instanz zugunsten von Hormann Massiv Haus entschieden werden. Siegfried und Marlene bleibt oft nichts anderes übrig, als sich mit säumigen Bauherren auf Ratenzahlungen zu einigen, denen sie dann auch wieder hinterherrennen müssen.

In dieser Situation sehen Siegfried und Marlene sich vor die Frage gestellt, ob sie dem Staat, der letztlich für die Krise in der Baubranche eine Mitverantwortung trägt, das letzte verbliebene Geld in den Rachen werfen, um ihre

Steuerschulden aus den fetten Jahren zu tilgen und dann gar nichts mehr zu haben, oder ob sie lieber versuchen, mit den noch verfügbaren Mitteln neues Einkommen zu generieren.

Marlene zieht sich vor dem Besuch beim Finanzamt und den Gesprächen mit ihrem Sachbearbeiter und dem Abteilungsleiter den Amethyst vom Finger, erwirkt eine vorübergehende Stundung der Steuerschuld und gewinnt etwas Zeit, die Siegfried nutzt, um im *Weser Kurier* die Stellenangebote zu durchforsten, ohne dass für einen Architekten oder technischen Zeichner etwas Passendes dabei ist. Stattdessen stößt er im Immobilienteil auf ein Objekt, das ihn an eine Idee erinnert, die Marlene einmal geäußert hat, auch wenn es nur so dahingesagt war, als es darum ging, dass mittlerweile überall – im Schulunterricht, im Bundestag und sogar bei Sitzblockaden gegen Atomkraftwerke – gestrickt wird.

In Bremen Nord, fünfundzwanzig Autominuten von Heilshorn und ihrem Bungalow entfernt, ragen an der Stockholmer Straße, im Stadtteil Marßel, silberne Stangen in den Himmel, an denen Fahnen mit den Buchstaben E – K – Z flattern. Das Einkaufszentrum präsentiert sich, als Siegfried und Marlene auf dem Parkplatz ihr Auto abstellen, mit den Ladenrückseiten als eine Ansammlung unansehnlicher Flachbauten aus braunem Klinkerstein mit vergitterten Fenstern und schmalen Durchgängen, in denen es nach Pisse stinkt und Punks mit Hunden auf dem Boden sitzen und betteln. In der Einkaufszone ist Fahrradfahren verboten, und ein defekter Springbrunnen aus asymmetrischen Waschbetonelementen dient als Sammelbecken für Bierflaschen, Sunkist und anderen Abfall.

Zwischen einem Jeansgeschäft und einem Zigaretten- und Zeitungsladen gibt es ein dunkles Schaufenster, in dem Schilder mit der Aufschrift kleben: *Räumungsverkauf! Alles muss raus!* Davor steht ein Immobilienmakler, der ihnen die Tür aufschließt und auf die umliegenden Wohnblocks und langen Straßenzüge mit Reihen- und Doppelhäusern verweist, in denen überall Leute wohnen, für die das Einkaufszentrum Marßel die erste Adresse ist.

Drinnen befinden sich neben gipsverspachtelten Wänden, zerdepperten Spiegeln und wackligen Umkleidekabinen Berge von Kleiderbügeln. Marlene hätte auf dem Absatz kehrtgemacht, wenn Siegfried sie nicht gebremst hätte und das Potenzial sehen würde – zumal die Konkurrenz am Rande des Einzugsgebiets nur aus einem dunklen Laden am Busbahnhof in Bremen-Walle und einem Garagengeschäft in Ritterhude besteht und niemand besser als Marlene beurteilen kann, dass diese Läden nicht auf der Höhe der Zeit sind und sie sich zutraut, es besser zu machen.

Siegfried nimmt einen Großteil des noch verfügbaren Geldes, bezahlt den Makler, hinterlegt für den Laden im EKZ Marßel eine Kaution und unterzeichnet den Mietvertrag. Er erhält den Schlüssel und kehrt zuerst die Scherben und Kleiderbügel zusammen. Dann holt er die Gipsverspachtelung von den Wänden, reißt die Umkleidekabinen heraus und hängt ins Schaufenster ein Stück Papier, auf das er mit seiner Architektenhandschrift in Druckbuchstaben schreibt: »Hier eröffnet demnächst Ihre Wollstube.«

Während er Zeichnungen für Regale mit quadratischer Fächeraufteilung anfertigt und im Baumarkt Spanplatten mit Mahagonifurnier zurechtsägen lässt, um daraus Ober-

und Unterschränke zusammenzuschrauben, empfängt Marlene zu Hause am Wohnzimmertisch nacheinander Vertreter, die Musterbücher mit Wollfäden vorlegen und als Ansichtsexemplare Knäuel mit Etiketten und Banderolen präsentieren, auf denen »Fleur«, »Aurelia« und »Sidney« steht.

Marlene kauft in Kilopaketen Dralon, Mohair, Schur- und Merinowolle, nimmt Seide dazu, Angora und Alpaca sowie Schafwolle aus Irland und Fargarn aus Dänemark und diktiert entlang der Farbpaletten die Nummern, die der Vertreter in sein Auftragsbuch schreibt.

Oma Lydia und Oma Henriette glauben an einen Scherz, als Marlene berichtet, sie würde ein Wollgeschäft eröffnen und bald jeden Vormittag von neun bis eins und nachmittags von drei bis sechs Uhr im Laden stehen. Die Kinder seien inzwischen groß genug und hätten zudem hoch und heilig versprochen, nicht die ganze Zeit, in der sie im Laden ist, vor dem Fernseher auf der faulen Haut zu liegen, sondern in Zukunft im Haushalt mit anzupacken.

Siegfried klebt im Geschäft Textiltapete, verlegt strapazierfähigen Teppichboden im kleinen Karo und stellt neben Vitrinen einen zierlichen Ladentisch und Stühle im Kaffeehausstil, während Marlene anfängt, Ausstellungsstücke fürs Schaufenster zu stricken: einen zünftigen Norwegerpullover mit Rundpasse in warmen Beige- und Brauntönen, eine mollige Mohairjacke im Jacquardmuster mit großem Kragen, Gürtelschlaufen und Gürtel sowie einen eleganten Bolero mit Lochmuster aus grauer Seide.

Ein Dekorateur wird engagiert. Herr Hartmann verpasst dem großen Schaufenster mit Folie eine Umrandung und

Aufteilung in drei kleinere Fenster, um die herum ein cremefarbenes Band verläuft, das an einen Wollfaden erinnert. Der Schriftzug, den er für »Die Wollstube« entwickelt, korrespondiert mit seinen Verschnörkelungen auf charmante Weise mit dem Kronleuchter, den Siegfried im Kleinanzeigenteil vom *Osterholzer Anzeiger* geschossen hat und über dem Tresen aufhängt.

Die Assistentin von Herrn Hartmann bestückt eine Holzpuppe mit Wolle in den aktuellen Herbstfarben, stellt zum Jutesack für die Schafwolle ein zweidimensionales zotteliges Schaf und spannt Fäden, um modische Schlingen und knubbelige Noppen sichtbar zu machen.

Auf Anraten von Herrn Hartmann und seiner Assistentin sortiert Marlene die Wollknäuel im Regal nicht nach Qualität – Aurelia zu Aurelia, Sydney zu Sydney –, sondern geht nach Farben. In den rundum verlaufenden Fächern entstehen eine Ton-in-Ton-Skala und ein Farbverlauf von hell nach dunkel, die durch Spotlights zum Leuchten gebracht werden und in die graue Fußgängerzone strahlen.

Für den Eröffnungstag besorgt Marlene Mon Chéri, die sie in Kristallschälchen füllt, geht zum Frisör und trägt einen selbstgestrickten Flauschpullover im Patchworkmuster mit U-Boot-Ausschnitt und Schulterpolstern. Der Filialleiter der Sparkasse gratuliert mit einer Blumenschale, Großhändler und Vertreter schicken Blumensträuße, und die Geschäftsleute vom Reformhaus und vom Fotoladen wünschen Glück.

Als Marlene am ersten Tag zur Mittagszeit um 13 Uhr zusperrt und über den Ihlpohler Kreisel und die B6 nach Hause fährt, ist das passiert, was sie insgeheim in Gedanken schon einmal durchgespielt hat, sich aber trotzdem in ihren kühnsten Träumen nicht hatte vorstellen können.

»Niemand ist gekommen«, berichtet sie, während sie Raviolibüchsen öffnet, um ein Mittagessen auf den Tisch zu bringen. Sie hat Tränen in den Augen. »Ich stand da wie bestellt und nicht abgeholt.«

Siegfried erklärt, dass es bei jedem Geschäft eine Anlaufzeit braucht, bis sich herumgesprochen hat, dass es in der Fußgängerzone von Bremen-Marßel jetzt ein Wollgeschäft gibt und niemand mehr extra nach Walle oder Ritterhude fahren muss.

»Ein Jahr«, sagt Marlene, als sie nach dem Essen zum Autoschlüssel greift, um wieder loszufahren. »Danach sehen wir weiter.«

Als sie kurz vor 15 Uhr die Hintertür aufschließt und ihren Laden betritt, traut sie ihren Augen nicht. Vor dem Schaufenster warten Menschen. Sie sperrt auf. Einer nach dem anderen drängt sich herein, gibt beim Rausgehen dem nächsten Kunden die Klinke in die Hand, während Marlene berät und verkauft, Quittungen schreibt, Knäuel in Tüten stopft und kassiert.

Als die letzte Kundin sich um kurz nach achtzehn Uhr verabschiedet und Siegfried mit den Kindern kommt, um sie abzuholen, und die Einnahmen zählt, betrachtet Marlene die leeren Fächer in den Regalen und sagt: »Wer hätte gedacht, dass ich einmal als Wolltante ende.«

Jeden Morgen, wenn die Kinder das Haus verlassen haben und zur Schule gefahren sind, steht sie pünktlich – spätestens um kurz nach acht Uhr – auf, steigt um kurz nach halb neun ins Auto und schließt um neun Uhr den Laden auf. Um 13 Uhr sperrt sie wieder ab, ist gegen 13.30 Uhr zu Hause und bereitet das Mittagessen. Weil es schnell gehen muss, gibt es meistens Dosen, Königsberger Klopse oder Ravioli, oder sie gibt tiefgefrorenes Bami oder Nasi Goreng in die Pfanne – im Wechsel mit Schnitzel, Balkangemüse und Reis im Kochbeutel. Nach einer Stunde, um 14.30 Uhr, fährt sie wieder los – nicht ohne Siegfried und die Kinder ermahnt zu haben, bis zu ihrer Rückkehr wenigstens die Küche in Ordnung zu bringen.

Manchmal kommt es ihr vor, als hätten die Frauen in Bremen-Nord nur darauf gewartet, dass im EKZ Marßel ein Wollgeschäft aufmacht und dort nicht bloß jemand steht, der Knäuel über den Ladentisch reicht, sondern auch Ahnung vom Stricken hat, sich Zeit nimmt, nach der Maschenprobe den Bedarf an Wolle ausrechnet und vom Maschenaufnehmen bis zum Fädenvernähen jeden Schritt erklärt und auf Zettel schreibt und daneben ein offenes Ohr für Eheprobleme, Sorgen mit Kindern und Anekdoten aus dem Urlaub hat.

Wenn Marlene nach Ladenschluss, gegen 18.30 Uhr, mit dem Ford Capri in den Waldweg einbiegt, hat sie auf der Fahrt zum Runterkommen mehrere Zigaretten geraucht und trotzdem noch das Gefühl, ihr platze gleich der Kopf. Sie schluckt Kopfschmerztabletten, hat Thomapyrin immer griffbereit, und dennoch entlädt sich ihr Frust über Geschirr, das noch vom Mittagessen auf dem Tisch steht, und darüber, dass niemand daran gedacht hat, fürs Abendbrot wenigstens schon mal die Butter aus dem Kühlschrank zu holen, in einem Wutanfall, der oft damit endet, dass sie kurzerhand entscheidet, mit allen ins Restaurant zu fahren.

Zum Glück ist mit den Tageseinnahmen immer genug Bargeld vorhanden.

Die Hoffnung, dass die Kinder regelmäßig und zuverlässig im Haushalt helfen, erfüllt sich so wenig wie die Annahme, dass Siegfried früher oder später irgendwo als freier oder angestellter Architekt oder technischer Zeichner Fuß fassen wird. In der Baubranche wird niemand gebraucht – auch wenn Siegfried inzwischen Mitte vierzig ist und über eine große Bandbreite an Erfahrung verfügt.

Das Anzeigenstudium, Telefonieren und Herumfahren, um sich bekannt zu machen und dabei klug daherzureden, ist nichts, was Siegfried liegt. Es deprimiert ihn vielmehr und erschöpft ihn. Er verdämmert die Nachmittage auf dem Sofa und schreckt erst hoch, wenn er hört, dass Marlenes Auto vorfährt, eilt in die Küche. Noch ganz schummrig im Kopf, weiß oft gar nicht, was er zuerst tun soll: Geschirr in den Geschirrspüler stellen oder Butter aus dem Kühlschrank nehmen.

Manchmal hilft er im EKZ-Marßel nebenan bei dem Besitzer vom Zeitungs- und Zigarettenladen im Verkauf, oder er entlastet Marlene, indem er am Samstag im Laden steht und Kundinnen bedient, die nur ein Knäuel von der zurückgelegten Wolle holen, mit dem sie über den Sonntag kommen, und die anderen, die Beratung brauchen, auf den Montag vertröstet.

Marlene wird ein Wollladen in Bremen-Vegesack und ein Geschäft in der Bremer Innenstadt angeboten. Sie zögert und scheut das Risiko – erst recht nach den Erfahrungen mit den Aushilfskräften, die sie zeitweise mittwoch- und samstagvormittags beschäftigt und die keinen nennenswerten

Umsatz machen. Als würde Personal, das nach Stunden bezahlt wird, nicht verstehen, dass es nicht darum geht, Kundenwünsche zum Bestellen auf Zettel zu schreiben, sondern von ihren festen Vorstellungen abzubringen und stattdessen davon zu überzeugen, das zu nehmen, was vor ihnen liegt – eine Kunst, die Marlene beherrscht, indem sie Farben findet, die der Gesichtsfarbe schmeicheln, und sie es schafft, für eine Wolle zu begeistern, an die die Kundin noch nie gedacht hat. Oder sie demonstriert, dass ein mitgeführter Lurex- oder Seidenfaden, zum Beispiel bei schwarzem oder grauem Mohair, sehr effektvoll sein kann.

Sie strickt zwischendurch im Laden und abends vor dem Fernseher, ohne dass ein fertiges Stück jemals direkt angezogen werden kann, weder von Siegfried noch von den Kindern, sondern zuerst ins Schaufenster kommt oder zur Ansicht ans Regal gehängt wird. Die Erfahrung zeigt, dass diese Modelle am häufigsten nachgestrickt werden und den meisten Umsatz bringen. Die Kinder können ihren Norwegerpullover erst anziehen, wenn fürs Frühjahr umdekoriert wird, und den Pullover aus Sommerchenille, wenn Herr Hartmann das Schaufenster für den Herbst gestaltet.

Am Wochenende sitzt Marlene am Schreibtisch, an dem sie vor noch nicht allzu langer Zeit für HMH die Rechnungen und Mahnungen geschrieben hat. Sie addiert die Tages-, Wochen- und Monatsumsätze und sieht, wenn sie im Kassenbuch den Verlauf der Einnahmen in den vergangenen eineinhalb Jahren betrachtet, dass es keine Anlaufzeit gegeben hat und der Laden seit dem ersten Tag läuft. Trotzdem reicht das Geld vom Wollladen nicht, um neben der Ladenmiete den Lebensunterhalt einer sechsköpfigen Familie mit allen Strom- und Telefonkosten und sonstigen Verbindlichkeiten zu bestreiten.

Sie zögert Steuererklärungen hinaus, nimmt das Geld, das für die neue Herbstware vorgesehen war, um Heizöl für den Winter zu bezahlen und in letzter Sekunde zu verhindern, dass Telefon oder Strom abgestellt werden. Sie bleibt immer öfter die Ladenmiete schuldig, ohne den Forderungen vom Finanzamt auch nur annähernd gerecht zu werden. An Urlaub ist unter diesen Umständen ohnehin nicht zu denken.

Obwohl es das Eingeständnis einer Niederlage und Siegfried nicht davon begeistert ist, sucht Marlene die Telefonnummer von Hugo heraus. Sie wählt die Nummer auf dem Kärtchen, lässt es klingeln, bis endlich jemand abhebt.

Die fremde Person am anderen Ende bedauert und erklärt, dass Hugo leider nicht zu sprechen sei. Er sei schon vor dreieinhalb Jahren einem Herzinfarkt erlegen.

Siegfried klebt Schilder ins Schaufenster – »Räumungsverkauf! Alles muss raus!« Kundinnen nehmen tränenreich Abschied, verstehen es nicht, und Marlene erklärt: »Ich muss mich wieder stärker um meinen Mann und die Kinder kümmern.«

Nach zweieinhalb Jahren schließt Marlene den Laden zum letzten Mal ab. Zurück bleiben Ober- und Unterschränke mit Mahagonifurnier, ein strapazierfähiger Teppich, Textiltapete an den Wänden und Schulden im fünfstelligen Bereich.

Marlene schreibt an ihre Schwester: Wenn ich eines gelernt habe: Nie wieder Einzelhandel!

26

honigfarbene Gläser — lunettes couleur miel
Hunde mit langem Fell — chiens à poils longs
goldene Knöpfe — boutons dorés

Ich hatte Nackenschmerzen, mein Bein war eingeschlafen, und vom Lesen während der Fahrt war mir flau. Ich klappte das Buch zu und versuchte, mich anders hinzusetzen und auszustrecken, ohne Corinna dabei ins Gehege zu kommen. Sie hörte Walkman. Die leise Singstimme von Kim Wilde mischte sich ins Radiogebrabbel von der Hutablage über Ronald Reagan und neue Mittelstreckenraketen, als mein Vater aufs Bremspedal trat und meine Mutter einen Kommentar machte, den ich nicht verstand.

Die Tachonadel ging zurück auf 120, 110 und stieg dann langsam wieder auf 140. Wie mein Vater das Steuer umfasste, Rück- und Seitenspiegel benutzte und dabei den Blinker bediente, wirkte er zufrieden und auf eine Weise sicher und souverän wie sonst nur, wenn er auf seinem Hocker an der Zeichenplatte saß und Lineal und rechten Winkel verschob. Neben diesem Hocker und seinem Stuhl am Esstisch, seiner Hälfte vom Ehebett und der Sofafront vor dem Fernseher war der Fahrersitz der Platz, der nur ihm gehörte, und das Auto der einzige abgeschlossene Raum, bei dem er allein das Sagen hatte und auch über Einrichtung und Ausstattung bestimmte. Er hatte den Ford Granada in dunkelgrüner Lackierung mit steingrauen Ledersitzen und dunkelroten Mahagonileisten genommen und mit elektrischen Fensterhebern, Radio und Kassettendeck die Luxusausstattung gewählt.

Während er den Verkehr und die Instrumente im Blick hatte, lieferte meine Mutter vom Beifahrersitz, den Straßenatlas auf den Knien, Hinweise zu Flüssen, die wir überquerten, nannte Namen von Landschaften, Gebirgszügen und Sehenswürdigkeiten, die entlang der Strecke lagen und die wir besichtigen könnten, wenn uns der Sinn danach stand. Wir mussten nur die nächste Abfahrt nehmen – eine Freiheit, die zu nutzen keinen Sinn ergab, solange die Regentropfen wie Kaulquappen übers Seitenfenster trieben, während die Landschaft dahinter als grauer Film vorbeizog. Hinter Autobahnplanken standen Essigbäume und Häuser in hügeliger Landschaft.

Irgendwann machte ich die Augen auf und sah Fabrikschlote und Industrieanlagen. Die Straßenmarkierungen waren plötzlich gelb und die Autobahnschilder grün. Ich las: *Lyon.*

»Sind wir in Frankreich?«, fragte ich ungläubig.

»Du hast geschlafen«, antwortete meine Mutter von vorne. »Wir sind auf der *Route du soleil.*«

»Auf der Straße der Sonne«, übersetzte mein Vater, stellte den Scheibenwischer auf Intervall und äußerte sich zufrieden, wie weit wir schon gekommen waren.

Wir ließen Montélimar hinter uns und hielten auf Avignon zu, als sich etwas zu verändern begann. Es war keine Einbildung, sagten auch die anderen, sondern das Licht. Trotz des grauen Himmels schien es heller zu werden.

»Sind wir bald da?«, fragte Corinna.

»Könnte sein«, antwortete meine Mutter.

Kurz vor Cannes kam die Sonne durch, und die Wolkendecke über uns schien sich wie ein Verdeck nach hinten zu rollen. Mein Vater tastete auf der Mittelkonsole nach seiner Pilotensonnenbrille, und meine Mutter holte aus dem Handschuhfach ihr goldenes Gestell mit den honigfarbenen Gläsern heraus.

»Seht ihr das?«, sagte mein Vater und meinte in der Ferne das Glitzern. »Das ist das Mittelmeer.«

»Die Côte d'Azur«, ergänzte meine Mutter. »Auf der anderen Seite liegt Afrika.«

Das Blau, das in einem Streifen vor uns lag und sich dunkel vom Himmel absetzte, hatte nichts mit dem zu tun, was wir von der Nordsee kannten. Winzige Schaumkronen wurden sichtbar und kleine Boote mit weißen Segeln, die aussahen wie hingetupft.

Bei Saint-Tropez machte die Straße Kurven. Ich dachte an Gracia Patricia, die hier vor einem halben Jahr, nicht allzu weit entfernt, bei einem Autounfall ums Leben gekommen war, an das Schaubild im *Stern,* auf dem die enge Kurve abgebildet war, und an Johannes Mario Simmel, der im Interview gesagt hatte, er sei regelmäßig bei der Fürstin in Monaco zu Gast gewesen, zum Kaffeetrinken auf dem Schloss und zum Plaudern – vielleicht auch über das Buch, das ich gerade ausgelesen hatte.

Die Straße am Meer nannte sich die Croisette und war

gesäumt von blühendem Oleander und Palmen mit prächtigen, weit ausladenden Kronen, wie ich sie bis jetzt nur in Afrika verortet hätte. Ich konnte nicht fassen, dass in Frankreich am Straßenrand Palmen in den Himmel ragten wie bei uns Birken und Buchen.

Mein Vater fuhr rechts ran. Meine Mutter betätigte den elektrischen Fensterheber, lehnte den Kopf ein wenig heraus und rief: »*Excusez-moi!*«

Ein Passant kam heran, und meine Mutter fragte auf Französisch: »Wo gibt es hier ein schönes Hotel?«

Ich verstand auf dem Rücksitz kein Wort, und das lag nicht an der Akustik, sondern am Sprechtempo. In seinem Wortschwall zeigte der Mann auf ein Gebäude an der anderen Straßenseite. Es hatte eine schneeweiße Fassade, eine blassrote Kuppel und trug die Aufschrift ›Negresco‹.

»*Merci*«, sagte meine Mutter.

Mein Vater ordnete sich auf der linken Spur ein, wendete bei nächsten Gelegenheit und fuhr auf der Gegenseite zurück.

Als das Hotel in seiner ganzen Größe auf uns zukam, fragte er: »Und?« Er stoppte.

Ein Mann in dunkelgrüner Livrée mit goldenen Knöpfen trat heran und machte meiner Mutter die Beifahrertür auf.

Ich stieg aus, blinzelte in die Sonne und folgte meinen Eltern mit Corinna über den roten Teppich.

In der Halle hing ein Kronleuchter. Leute saßen in Sesseln, parlierten und tranken Tee.

»*Bonjour*«, sagte meine Mutter, als wir an die Rezeption traten und der Herr mit den gekreuzten Schlüsseln am Revers uns fragend anschaute.

»Vier Personen«, sagte mein Vater, hielt seine Hand in die Höhe und spreizte vier Finger.

»*Quatre personnes*«, übersetzte meine Mutter. »*Deux chambres.*«

»*Bien sûr, madame*«, antwortete der Mann und klappte eine Mappe auf. »*Avec vue sur la mer?*«

Meine Mutter schaute mich fragend an.

»*Oui*«, stammelte ich und nickte. »Mit Blick aufs Meer.«

Mein Vater unterschrieb einen Zettel, und ein Page, ebenfalls in dunkelgrüner Uniform mit goldenen Knöpfen, schleppte unsere Koffer.

Die Räume waren durch zwei gepolsterte Türen miteinander verbunden. Im einen stand ein breites Himmelbett, im anderen war ein Radio am Nachttisch.

Corinna und ich nahmen das Zimmer mit dem Radio. Ich inspizierte den Schreibtisch, ein Sekretär mit Schubladen und vielen Fächern, und fuhr mit dem Finger über das Briefpapier und den erhabenen Schriftzug des Hotels Negresco. Der goldene Kugelschreiber erinnerte mich an die Absätze der Schuhe, die Zoes Mutter in einer Zeit getragen hatte, als sie noch Doris Day war und für Avon gearbeitet hatte. Mir kam es vor, als wäre es eine Ewigkeit her.

Ich machte das Fenster auf. Auf der Promenade flanierten Damen im Pelzmantel, große Hunde mit langem Fell und engumschlungene Pärchen. Leute in bunten Sporthosen fuhren Rollerblades.

»Los, komm«, rief Corinna. »Wir gehen spazieren.«

»Gleich«, sagte ich.

»Beeil dich. Die warten schon.«

Sie verschwand. Ich ging zum Tisch, auf dem das Telefon

stand, holte aus meiner Hosentasche mein Vokabelheft und mein Adressbuch hervor und hob den schweren Messinghörer ab.

Ich wählte mehrmals, bis ich verstand, dass ich vorweg eine Null brauchte und natürlich die französische Vorwahl weglassen musste. Endlich hörte ich, wie es bei Jean-Philippe in der Normandie klingelte.

Als er am Apparat war, konnte er nicht glauben, dass ich es war, und ich sagte, ich sei an der Côte d'Azur, in Nizza.

»Daniel«, rief er am anderen Ende und klang vor Freude ganz atemlos. »*C'est fou!*«

»Ja«, bestätigte ich. »Das ist verrückt.«

27

ein richterlicher Beschluss — une ordonnance du tribunal
ein Goldfischteich — un étang à poissons rouges
eine Seite aus dem Vokabelheft trennen — arracher une page
du cahier de vocabulaire

Nach unserer Rückkehr nahmen Angela und Boris ihre Geschenke in Empfang, ein Tuch und ein T-Shirt, und berichteten, was in der Zwischenzeit passiert war: Der Wagen einer Spedition sei vorgefahren, Männer im Overall stiegen aus, präsentierten ein Schriftstück, einen richterlichen Beschluss, kamen ins Haus und trugen Klavier und Fernseher hinaus. Sie verluden die Sachen in den Transporter und fuhren damit weg. Vom Klavier waren jetzt nur noch die Abdrücke im Teppich zu sehen, und auf dem Tisch stand statt des Fernsehers ein leerer Joghurtbecher mit Löffel drin. Es war genau das passiert, von dem es immer hieß, so weit würde es nicht kommen.

»War sonst noch etwas?«, fragte meine Mutter.

Jede Menge Post, und der Typ aus dem Kreishaus hatte auf der Matte gestanden, Herr Vulpius, der unser Haus ersteigert hatte – »für einen Apfel und ein Ei«, wie mein Vater immer sagte.

»Was wollte er?«, fragte meine Mutter und öffnete eine Packung Macarons.

Er wollte sich im Haus umschauen, berichteten Angela und Boris. Sie hätten gesagt, sie könnten ihn leider nicht hereinlassen, sie seien allein, was er anstandslos akzeptierte und »kein Problem« nannte.

Er sei dann in den Garten gegangen, habe zwischen den Bäumen große Schritte gemacht, als würde er etwas ausmessen, und sei wieder verschwunden. Ein paar Tage später kam er mit mehreren Leuten zurück, unter anderem mit Herrn Grüneweg, der zu Boris sagte, als er sein Fahrrad aus dem Schuppen holte, sie würden aus dem Pool wahrscheinlich einen Goldfischteich machen und rundherum einen Gemüsegarten anlegen.

Wir schwiegen bedrückt, nahmen uns von den Macarons, und meine Eltern sagten, wie gut es sei, dass wir uns mit dem Geld von den Wasserfiltern noch eine schöne Zeit gemacht hatten. Diese Erinnerung könne uns jetzt niemand mehr nehmen. In diesem Moment wurde mir klar, dass wir tatsächlich rausmussten aus unserem Bungalow, weg aus Heilshorn, in das schmale Reihenhaus, das mein Vater am Rand von Osterholz-Scharmbeck gefunden hatte. Die Miete, hatte er gesagt, sei bezahlbar. Neben einem Wohn- und einem Schlafzimmer gab es zwei Kinderzimmer und einen Keller mit Abstellflächen, auf denen Boris und Angela sich einrichten sollten. Oma Lydia streckte das Geld für die Kaution und die erste Monatsmiete vor.

»Es ist ja nur vorübergehend«, sagte meine Mutter, und mein Vater fügte hinzu: »Wir haben immer noch Heißenbüttel.«

»Auf einem Grundstück kann man nicht wohnen«, sagte ich.

»Werde bitte nicht frech«, antwortete meine Mutter, und mein Vater meinte kopfschüttelnd, wir seien generell alle viel zu verwöhnt.

Wir besorgten Kartons, fingen an zu packen und unterschätzten, wie viel Zeug wir hatten. Kaum hatten wir etwas hineingetan, war die Kiste voll und so schwer, dass beim Anheben die Eingriffe an den Seiten rissen – während in den Schränken und auf den Regalen kaum Lücken zu erkennen waren. Wir lernten, beim Packen Stofftiere auf Bücher zu legen, Gläser auf Teller, stopften in die Lücken Besteck und Kleinkram, beschrifteten die Kartons und stapelten sie im Flur.

Die Hunde spürten die Unruhe. Luna strich mit eingekniffenem Schwanz zwischen den Kisten herum, und Frieda saß in der Ecke und zitterte, wie wir alle irgendwie zitterten und insgeheim auf ein Wunder hofften.

Herr Vulpius kam in seinem Volvo angefahren und stand ständig unangekündigt mit Fragen vor der Tür: Wann das Dach zuletzt gemacht wurde, wie es mit der Isolierung aussah und ob es Pläne vom Haus gab. Er wolle für sich und seine WG die Raumaufteilung vornehmen und wissen, ob die Statik es erlaube, zwischen den Kinderzimmern einen Durchbruch zu machen.

Mein Vater erwiderte, das Dach sei erst kürzlich geflickt worden, und Pläne vom Haus würden nicht mehr existieren. Dabei riss er die Augen auf, wie er es nur tat, wenn er nicht die Wahrheit sagte oder jedenfalls nicht die volle.

Es war klar, dass der Platz im Reihenhaus begrenzt war

und wir nicht alle Möbel mitnehmen konnten. Die Schrankwände in Wohn- und Schlafzimmer und die Sessel im Kaminraum mussten zurückbleiben. Das Gerümpel, das vor langer Zeit von der Garage in den Schuppen gewandert war, musste auch noch gesichtet und theoretisch weggebracht werden.

Mein Vater zog unentschlossen an einer alten Teppichrolle, schob eine Spanplatte beiseite, und in der Tiefe kam etwas ins Rutschen. Plötzlich ragte ein weiß lackiertes Stück Holz aus dem Gerümpel heraus: trapezförmig, oben und unten geschwungen und abgerundet. Ich hatte diese Platte noch nie zuvor gesehen.

»Das Kopfteil von eurer Wiege«, erklärte mein Vater – selbst überrascht, dass das Ding hier auf einmal auftauchte.

Er berichtete, er hätte die Wiege seinerzeit eigenhändig gebaut. Wir hätten alle nacheinander darin gelegen, bis ich als Letzter der Wiege entwachsen war. Weil keine weiteren Babys erwartet wurden, hatte er sie abgebaut und nur dieses bemalte Kopfteil zur Erinnerung aufbewahrt.

Ich kannte von meinem Vater bisher nur seine technischen Zeichnungen mit klaren Linien und symmetrischen Schraffuren. Das hier war etwas völlig anderes. Statt mit Lineal und Rapidograf hatte er mit Pinsel Kornblumen, Margeriten und Rosen gemalt und künstlerisch durch zarte, lindgrüne Blättergirlanden miteinander verbunden. Im Zentrum standen untereinander, in dunkelblauer Farbe getuscht, drei Namen: *Angela. Boris. Corinna.*

»Da fehlt mein Name«, sagte ich.

Verwundert starrte mein Vater auf das weiße Stück Holz mit den Blumen und den drei Namen und sagte kopfschüttelnd, als würde ihm der Formfehler erst in diesem Moment auffallen: »Ist ja ein Ding. Da war wohl keine Zeit mehr. Musste ja alles schnell gehen, damals.«

Er schob das Kopfteil zurück hinter die Spanplatte und fügte hinzu, als würde es irgendetwas erklären: »Lange her, das alles.«

Wir zogen mit der Leiter von Zimmer zu Zimmer und montierten die Lampen ab, zuletzt die Leuchte in der Küche. Mein Vater, mit dem Schraubenzieher in der Hand, ruckelte und zog am Kabel, als sich plötzlich der Putz von der Decke löste, ein tellergroßes Stück, und ein Schwall schmutziges Wasser hinterherkam und sich über die Fliesen ergoss.

Wir ließen die Lampe hängen, und auch um das schmutzige Wasser auf dem Boden kümmerte sich niemand mehr.

Nachdem mein Vater und Boris mein Bett, meinen Schreibtisch und den Kleiderschrank auseinandergeschraubt hatten und die Einzelteile in den Umzugswagen verluden, blieb ich allein in meinem Zimmer zurück, machte die Tür zu und setzte mich auf den Boden.

Der Raum kam mir ohne Möbel winzig vor, und die Vorstellung, dass in Zukunft Herr Grüneweg hier wohnen und Klassenarbeiten korrigieren würde, erschien mir absurd. Ich hatte hier Vokabeln gelernt, Schreibmaschineschreiben geübt und Jean-Philippe beherbergt, der in meinen Augen in jeder Hinsicht so toll war, dass ich dachte, mit mir sei etwas nicht in Ordnung, so wie ich auch dachte, dass mit mir etwas nicht stimme, als ich mich hier jahrelang vor der Hexe fürchtete.

Ich tat etwas, was ich unter normalen Umständen nie

tun würde, aber tun musste, weil alles gepackt und kein Blatt Papier mehr zur Hand war. Auch auf die Gefahr hin, dass es sich danach auflöste, trennte ich eine Seite aus meinem Vokabelheft und schrieb auf Französisch, ohne Wörterbuch und ohne Rücksicht auf den rosafarbenen Strich in der Mitte: *Lieber Jean-Philippe, hier ist Chaos, aber in Nizza war es fantastisch. Ich habe noch nie eine so schöne Stadt gesehen. Es lohnt sich, Französisch zu lernen. Es war gut, deine Stimme am Telefon zu hören. Ich umarme dich. Daniel.*

Ich fand nur noch einen Umschlag mit dem Emblem von Hormann Massiv Haus, legte den Zettel rein und klebte das Kuvert zu. Ich strich das HMH und unsere alte Adresse durch und schrieb meinen neuen Absender in Osterholz-Scharmbeck darunter. Dann ging ich mit Frieda und dem Brief in den Amselweg zur Post.

Frau Pieper betrachtete die Adresse in Frankreich, drehte den Umschlag um, las meinen neuen Absender und klappte das große Album auf.

Während sie ihren Blick über den Bogen mit den Standardmarken schweifen ließ, sagte sie: »Nach Osterholz-Scharmbeck zieht ihr also.« Sie trennte eine Marke heraus. »Habt ihr dort ein Haus?«

»Ein Reihenhaus.« Ich klimperte mit den Münzen.

»Und dein Vater? Arbeitet er wieder?«

»Klar.«

»Als Architekt oder als Vertreter?«

»Wie es kommt«, antwortete ich vage.

Frau Pieper drückte die Marke aufs Schwämmchen. »Wohnt er auch weiter in Osterholz?«

Ich war verwirrt. »Wo denn sonst?«

Frau Pieper beugte sich vor und sagte: »Du kannst mir die Wahrheit sagen, Daniel. Alle wissen, dass deine Eltern sich scheiden lassen.«

Ich schüttelte den Kopf. »Wie kommen Sie darauf?«, murmelte ich empört. »Wir sind doch eine Familie.«

»Schon gut. Dann war es wohl ein Irrtum.« Frau Pieper donnerte den Stempel auf die Briefmarke und nahm das Kleingeld.

»Wiedersehen, Frau Pieper«, sagte ich.

»Auf Wiedersehen, Daniel.« Frau Pieper schaute mir hinterher und nahm ihre Brille ab. »Alles Gute.«

Zoe trug die goldene Pyramide als Haarspange, hatte ihre Fingernägel grün und sagte: »Es gibt keine Busverbindung zwischen Heilshorn und Osterholz-Scharmbeck.«

»Ich weiß.« Ich zog meine Schuhe aus. »Ich muss mit dem Fahrrad kommen.«

»Und Frieda?«

»Muss sich an den Fahrradkorb gewöhnen. Nebenherlaufen kann sie nicht.« Ich folgte Zoe in die Küche, während Frieda ins Wohnzimmer rannte, zurückkam und wieder loslief.

»Ich trampe«, sagte Zoe.

»Echt?« Dass sie bereit war, nach Osterholz-Scharmbeck zu kommen, freute mich.

Wir holten Eis aus dem Gefrierfach und gingen mit der Packung ins Wohnzimmer. Es roch nach Ölfarbe. Neben dem Kamin lehnten neue Bilder aus Ostberlin.

Zoe berichtete, das Adumbran im Kirschquark sei ein

Reinfall gewesen. Ihr Vater und Betti seien zusammen auf dem Sofa eingeschlafen, und am nächsten Tag hätte Zoes Vater für Betti bei Radio Bremen eine Hospitanz im *Musikladen* vereinbart.

»Wetten, dass sie in einem halben Jahr Moderatorin ist?«, sagte ich.

Wir löffelten aus der Packung. Zoe machte Frieda Frisuren, und ich fragte: »Lassen deine Eltern sich scheiden?«

Zoe schaute an Ferdinands Bild vorbei und schien mit ihren Gedanken ganz weit weg zu sein. »Meine Mutter zieht nach Berlin«, sagte sie. »Mein Vater bleibt hier. Damit ist die Sache wohl klar.«

»Fährst du deine Mutter besuchen?«

»Klar.« Zoe angelte vom Sofatisch ein Blatt Papier. Oben stand das Datum, darunter: *Liebe Mama.*

»Ich weiß nicht, was ich schreiben soll«, sagte Zoe. »Kannst du es nicht weiter übernehmen? Du kannst mir den Brief auch schicken. Ich tippe ihn ab – und fertig.«

»Du musst aus deinem Alltag erzählen«, erklärte ich.

»Wie spannend.«

»Hattest du nicht eine Eins in Mathe? Schreib ihr das.«

»Und weiter?«

»Dass ich zu Besuch war, vielleicht zum letzten Mal.«

»Das schreibe ich auf keinen Fall.«

»Dramatisier es ein bisschen. Erzähl, dass es zwischen Heilshorn und Osterholz keinen Bus gibt. Zwei Orte, fünfzehn Kilometer voneinander entfernt, und eine Distanz, die wir fast nicht überwinden können.« Ich überlegte. »Wie die deutsch-deutsche Grenze.«

Zoe machte sich Notizen.

Ich musste los. Ich nahm Frieda an die Leine. Dann standen Zoe und ich voreinander. Mir fiel auf, dass wir fast gleich groß waren.

Wir umarmten uns. Ich hielt Zoe fest, drückte sie, dann ließ ich sie los und wischte mir mit dem Ärmel über die Nase.

Ich dachte, Zoe würde ein Tempo aus ihrer Hosentasche holen, aber es war eine Kassette. Sie hatte sie für mich aufgenommen. Falco war drauf. Culture Club, Depeche Mode und Spandau Ballet. Als letzte Aufnahme: Rondo Veneziano.

Als sich das Gartentor hinter Frieda und mir schloss, war vom Bungalow nur noch die obere Kante zu sehen, der Dachabschluss mit den Eternitplatten und die gelbe Lampe der Alarmanlage.

28

Meine Mutter nahm die Tüten mit den Ersatzteilen für die Schnellkochtöpfe in eine Hand, den großen Vertreterkoffer in die andere und quetschte sich durch den Windfang, der so schmal war, dass nicht mal ein Hundekorb hineinpasste.

Sie schleppte Tüten und Koffer über den Fußweg an den kleinen Vorgärten entlang zum Parkplatz, wo der Ford Capri stand. Um alles in den flachen Kofferraum zu bekommen, mussten die Rücksitze umgeklappt werden. Als meine Mutter die Kofferraumhaube zuschlug, rieselte der Rost.

Sie war die Frau vom Kundenkontaktservice, die den Leuten in Vegesack, Schlussdorf und Hüttenbusch ihre Schnellkochtöpfe reparierte und bei der Gelegenheit ein abwechslungsreiches Küchensortiment aus Kaffeeservice, Messersets und Kochbüchern präsentierte. In der Rangliste von 125 Vertreterinnen, die deutschlandweit im Einsatz waren, stand meine Mutter, was die Verkaufszahlen und den Umsatz anging, auf Platz 18.

Mein Vater hatte sich im Keller eine Ecke eingerichtet und zeichnete ein Haus, das mit einem Bungalow von schlichter Eleganz nichts zu tun hatte. Der Kasten mit dem Eingangsportal und den Säulen, die den vorgezogenen Erker hielten, hatte etwas Hochherrschaftliches. Die Fenster waren bleiverglast, und die Auffahrt verlief in einem eleganten Bogen.

In der Wohnhalle würde es einen runden Kamin geben, und der beheizbare Pool, der hinter dem Wohnbereich lag, hatte einen Innen- und Außenbereich. Eine breite Treppe führte an der offenen Küche vorbei in den ersten Stock. Alle sechs Schlafzimmer verfügten über eigene Badezimmer und tiefe Fenster, die mit ihren verschnörkelten Gittern an Häuser in Nizza erinnerten.

Unsere Vertreter hatten immer gesagt, Heißenbüttel sei ein Filetstück: mitten in den Feldern gelegen, am Hang, keine Nachbarn weit und breit.

Sobald der Bauantrag genehmigt und Geld vom Verkauf der Küchenutensilien übrig war, wollte mein Vater rausfahren nach Heißenbüttel und anfangen, die Gräben für die Fundamente auszuheben.

Nachwort

Ich war auf dem Weg zu meiner Tante in Northbrook, einem Vorort von Chicago. Ich kannte die Adresse an der Midway Road und das Haus mit der weißgestrichenen Fassade und dem roten, sanft ansteigenden Dach nur von Fotos. Meine Tante Margrit hatte sie regelmäßig aus Chicago geschickt, nachdem sie als junge Frau Ende der Fünfzigerjahre nach Amerika ausgewandert war. Und mir war seit jeher das Bild vertraut, wie meine Mutter bei uns zu Hause in Norddeutschland am Esstisch saß und auf hellblauem Luftpostpapier an ihre Schwester in Amerika schrieb.

Ich fuhr im Mietwagen über den Highway, war voller Vorfreude, und gleichzeitig war mir bang zumute. Wir hatten uns seit Jahrzehnten nicht mehr gesehen. Meine Mutter war gestorben. Ich hatte Fragen.

Ich bog in die Auffahrt und hielt vor der Garage. Würde ich Tante Margrit nach so vielen Jahren wiedererkennen? Würde sie mich wiedererkennen? Wie würde sie reagieren, wenn ich sie bat, ob ich die Briefe lesen dürfte, die sie über all die Jahrzehnte von ihrer Schwester aus Deutschland geschickt bekommen hatte? Ich hoffte, in ihnen Antworten auf Fragen über unser, über mein Leben zu finden, die ich meiner Mutter nicht mehr hatte stellen können. Dass meine Tante die Briefe wie einen Schatz hütete, wusste ich, weil sie am Telefon immer wieder davon erzählt hatte, und dass sie sie manchmal hervorholte, in ihnen las und sich ihren Erinnerungen hingab.

Das Wiedersehen war für meine Tante und mich eine riesige Freude. Wir redeten bis tief in die Nacht. Die Briefe brachte ich jedoch nicht zur Sprache. Ich wollte nach so langer Zeit, in der wir uns nicht gesehen hatten, nicht gleich mit der Tür ins Haus fallen und meine Tante möglicherweise in Verlegenheit bringen. Schließlich waren die Briefe nicht für mich bestimmt, sondern damals von ihrer Schwester an sie persönlich gerichtet. Und meine Mutter hatte beim Schreiben sicherlich nicht im Traum daran gedacht, dass irgendjemand anderes sie Jahrzehnte später lesen würde.

Doch als ich zu Bett ging, lag im Gästezimmer zu meiner Überraschung auf dem Kopfkissen ein kleiner Stapel hellblauer Luftpostumschläge mit blauen und roten Rauten und der vertrauten Handschrift meiner Mutter. Obenauf lag der Brief, den sie am Tag nach meiner Geburt an meine Tante geschrieben hatte. Er beginnt mit den Worten: *Unser Sohn ist da! Gestern, morgens um 7.30 Uhr, wurde er geboren. Ist das nicht toll?*

Tante Margrit hatte geahnt, dass ich Interesse an den Briefen haben könnte, und ich freute mich, dass sie bereit war, diesen Schatz mit mir zu teilen. Ich las die Briefe – es waren fünf oder sechs – noch in derselben Nacht.

Wie sich am nächsten Tag herausstellte, verwahrte Margrit die Briefe ihrer Schwester chronologisch geordnet in Pappkartons im Keller. Es waren insgesamt 261.

Ich verbrachte mehrere Tage im Copyshop und scannte

Brief für Brief. Ich las sie nachts auf meinem Gästebett und – nachdem ich mich von Tante Margrit verabschiedet hatte – auf meiner Rückreise im Flugzeug und weiter zu Hause in Deutschland. Vieles von dem, was meine Mutter schrieb, war mir neu, manches bekannt, und andere Dinge hatte ich ganz anders in Erinnerung. Manchmal musste ich lachen, manchmal wunderte ich mich, manchmal wurde ich traurig und wehmütig, und einmal brach ich die Lektüre wütend ab.

Inspiriert von den Briefen begann ich, in meinen eigenen Erinnerungen zu graben und was ich dabei zutage förderte aufzuschreiben – völlig ungeordnet, wie es mir in den Kopf kam.

Ich füllte damit drei Ringbücher und wunderte mich, woran ich mich alles erinnerte: nicht nur die großen Ereignisse, sondern auch Kleinigkeiten, die zum nächsten führten. Ich sprach mit meinen Geschwistern und Verwandten, besuchte das Staatsarchiv Bremen – und fand Antworten, die zu neuen Fragen führten und immer wieder aufs Neue die Erkenntnis bestätigten, dass jeder seine eigenen Erinnerungen und seine eigene Wahrnehmung hat.

Ich entschied, in meinen subjektiven Erinnerungen nicht nur meine Eltern, sondern auch meine Großeltern und deren Lebensumstände zu betrachten und sie nicht nur als Eltern und Großeltern, sondern auch als Personen der Zeitgeschichte zu sehen, um damit der Geschichte von damals und der Frage, warum alles so passierte, wie es passiert war, vielleicht ein kleines Stück näher zu kommen. Da es meine subjektiven Erinnerungen sind, hatte ich von Anfang an beschlossen, allen Personen fiktive Namen zu geben. Dieses

Vorgehen verschaffte mir auch die nötige Distanz beim Schreiben. Nur so konnte ich unsere Familiengeschichte neu erzählen.

Christian Schünemann

Krimi
368 Seiten

Belgrad – eine europäische Metropole, so nah und doch so fern. Unter der kundigen, atmosphärischen Führung von Milena Lukin erschließt sich nicht nur ein aufsehenerregendes Verbrechen, sondern eine faszinierende Stadt im Brennpunkt europäischer Geschichte.